KAROL WOJTILA
el joven que llegó a Papa

Miguel Álvarez

Casals

Director de la colección: Miguel Álvarez

© 1999 by Miguel Álvarez y
Editorial Casals, S. A.
Tel. 902 107 007
www.editorialcasals.com
www.bambulector.com

Diseño de cubierta: Bassa & Trias
Fotografías: AGE-Fotostock, Getty images
Ilustraciones: Farrés, il·lustració editorial
Novena edición: marzo de 2011
ISBN: 978-84-218-4308-6
Depósito legal: M-7644-2011
Printed in Spain
Impreso en Anzos, S. L., Fuenlabrada (Madrid)

Cuaderno documental de Pedro J. Gimeno

*A Marisa, mi mujer, y a toda la gente
joven de mi familia, este ejemplo de juventud
bien empleada.*

Prefacio

«A últimas horas de la tarde del 16 de octubre de 1978 la chimenea de la Capilla Sixtina dejó escapar finalmente una humareda blanca, pero nadie sabía aún que aquel humo era el de un cañonazo.»

A mí siempre me ha gustado este comentario de un ilustre escritor francés, André Frossard, sobre la elección de Juan Pablo II. Ahora todos sabemos lo que quería decir: el pontificado de este papa ha removido la Iglesia, ha elevado su espiritualidad, ha llevado el mensaje evangélico hasta el último rincón de la tierra y su «cañonazo» ha cambiado la historia demoliendo el muro de las ideologías que dividía el mundo, incluso físicamente como en Berlín. Nada ha sido igual después de su llegada.

Pero aquel lunes de octubre sólo pudimos conocer la asombrosa noticia de que el nuevo pontífice era polaco: el primero de ese país que llegaba a la sede de Pedro y el primero no italiano después de 456 años. Se trataba del cardenal arzobispo de Cracovia, Karol Wojtila, con sólo cincuenta y ocho años, una edad extremadamente joven para un papa.

Todos se preguntaban quién era este hombre venido del Este para ocupar la cátedra de Pedro. Y eso es lo que os quiero contar.

Una familia polaca

Un hombre y un niño pasean por la orilla del Skawa. Es el río que pasa por Wadowice, una pequeña ciudad polaca, situada a unos 50 kilómetros de Cracovia, la antigua capital de la nación. Van charlando animadamente. Ambos se llaman igual, Karol Wojtila, son padre e hijo. Corre el año 1930.

—Lolek, tú naciste cuando Polonia resucitó. Por poco eres austríaco. Es un decir, porque siempre hemos sido polacos, aunque hayamos estado repartidos, desde el siglo XVIII, entre nuestros vecinos Rusia, Prusia y Austria.

El padre es un hombre inteligente y culto, callado y silencioso, que, sin embargo, rompe a hablar largamente cuando aborda la historia de Polonia o de la Primera Guerra Mundial, en la que ganó la cruz de hierro al mérito, por su valor, luchando como suboficial del Ejército imperial austríaco, al que se había incorporado en 1900 cuando tenía veintiún años. Atrás quedaron su casa campesina y sus padres labriegos en la aldea de Czaniec.

Lolek escucha atentamente a su padre. Le gusta oírle las historias de su nación, antigua y nueva a la vez. Tan sólo hace doce años que alcanzó la independencia.

Karol tiene ya diez años, es rubio, de cara redonda y ojos eslavos. Guarda un gran parecido con su madre, Emilia Kaczorowska, tal como se la ve en la fotografía que cuelga junto a su cama: una joven de serena belleza, con unos ojos negros en los que brilla una cierta tristeza.

Emilia no gozó nunca de buena salud. Cinco años menor que su marido, tuvo su primer hijo a poco de casarse, en 1906, al que pusieron por nombre Edmund. La muerte de su única hija Olga, a poco de nacer, la hizo sufrir mucho. Se consolaba con el pequeño Karol —Lolek—, nacido catorce años después del hermano mayor. Le solía pasear por los jardines cercanos a su casa con extraordinario orgullo. Un día dijo a una vecina:

—Ya verás cuando Lolek crezca; será un gran hombre.

No llegó a verle cumplir los nueve años ni hacer la primera comunión. El 13 de abril de 1929, Karol estaba en la escuela y allí le llegó la terrible noticia: su madre había muerto de un ataque al corazón, con sólo cuarenta y cinco años. El dolor anida en su pecho de huérfano y no brota en un poema hasta diez años después:

Sobre tu blanca sepultura
florecen blancas flores de vida...
¡Oh, cuántos años han pasado sin ti...
cuántos años!

Más tarde, ya Papa, lo recordaba muy vivamente:

Aún no había llegado a la edad de mi primera comu-
nión, cuando perdí a mi madre, que no tuvo la dicha

*de ver el día que con tanta ilusión esperaba. Mi madre
quería que un hijo fuera médico, y el otro, sacerdote. Mi
hermano Edmund fue médico y yo, con el tiempo, me
hice sacerdote.*

Aquel día, padre e hijo siguieron paseando por la orilla del río, hasta alejarse del pueblo. Se sentían solos. Hacía
sólo un año que la madre, la esposa, les había dejado. Y
Edmund, Mundek como le llamaban, acababa de marcharse a Cracovia para estudiar medicina.

El padre insistió con su lección de historia, tan importante para un polaco, cuya nación sólo se ha mantenido
unida por el lazo de la religión católica. Al Este y al Oeste,
ortodoxos y luteranos les flanquean.

En aquel país, las continuas revueltas habían sido inútiles. La independencia sólo se pudo alcanzar por el derrumbamiento de sus vecinos. Y esto ocurrió en la gran guerra
europea de 1914.

—Precisamente, el 18 de mayo de 1920, el mismo día
que tú naciste, el mariscal Pilsudski fue recibido triunfalmente en Varsovia, nuestra nueva capital, por su victoria
sobre el Ejército soviético. Ya sabes que la guerra europea
nos devolvió la libertad en 1918, al desmoronarse el imperio austrohúngaro y también el de los zares.

—Pero Rusia se convirtió en la Unión Soviética.

—Sí, Lolek, y los comunistas nos declararon la guerra
inmediatamente, porque no querían nuestra libertad. Los
rechazamos, pero, cuando tú ibas a cumplir tres meses,
volvieron a atacarnos. Era el día de la Asunción, el 15 de
agosto de 1920. Llegaron hasta Varsovia, y el mariscal los

detuvo de nuevo a orillas del río que divide la capital. A esa victoria definitiva se la llamó «el milagro del Vístula». Una vez más la Virgen nos amparaba.

—¿Como en los tiempos antiguos? —le pregunta Karol, para tirarle de la lengua, porque bien sabe cómo le gusta a su padre relatar estas historias.

—Sí, como en el siglo diecisiete. En la época que llamamos «el diluvio», los suecos nos inundaron, invadieron todo el país. Sólo, como una isla, quedó el santuario de Jasna Gora —la montaña luminosa—, de Czestochowa, que guarda a la Virgen Negra. Los pocos caballeros que se guarecieron con los monjes derrotaron a los suecos y acabaron salvando al país. Esa batalla fue en la Navidad de 1655. Un verdadero milagro. De ahí nuestra gran devoción a nuestra Madre y Reina de Jasna Gora.

El sol empezó a ponerse sobre las montañas Beskidi, en las estribaciones de los montes Tatra. Era hora de regresar. Volvieron a la ciudad y llegaron a la calle de Koscielna —la calle de la iglesia— donde tenían su hogar. Era un piso pequeño, alquilado a una familia judía, con cocina y dos habitaciones: el dormitorio y el salón.

Padre e hijo tenían sus camas en el dormitorio, adornado con el sable paterno colgado en una pared y una imagen de la Virgen en la otra. Desde la ventana se veía la parroquia de Santa María y su reloj de sol, con esta inscripción: *Tempus fugit, aeternitas manet*, el tiempo huye, la eternidad permanece.

Los toques de las campanas marcaban el ritmo: el trabajo y el juego. A veces, en el amplio salón, padre e hijo se aventuraban a jugar al fútbol con un balón de trapo.

—Ponte de portero. ¡Vamos, me dicen que eres un buen portero! Y que casi siempre juegas en el equipo judío.

—Es que son menos.

—Me parece muy bien, pero ¡a ver si paras éste!

Después, el padre preparaba la cena. Él se encargaba de todo. Dirigía el hogar, cuidaba la ropa, preparaba el desayuno y una cena ligera, porque el almuerzo lo solían hacer en el pequeño restaurante Banas, a unos cuantos portales de su casa. El hijo de Banas era condiscípulo de Karol y solían quedarse a jugar después de la comida.

En mayo de 1930, Edmund acaba su carrera. A sus veinticuatro años es un chico encantador e inmensamente popular. Karol y su padre viajan a Cracovia para asistir a la solemne entrega del título de médico, que se celebra en la majestuosa sala del Collegium Maius de la Universidad Jagellónica. ¡Qué maravilloso le pareció todo a Karol! ¡Qué alegría la de su padre!

—Vamos a celebrarlo yendo de peregrinación a Czestochowa.

Y marcharon a la ciudad de la Montaña Luminosa, Jasna Gora, donde se eleva el monasterio que guarda el icono de la Reina de Polonia, ennegrecido por el tiempo, que el joven Wojtila ya nunca pudo olvidar.

Poco más de dos años después, la desgracia golpea de nuevo a la familia. Edmund trabajaba como médico residente en el hospital municipal de Bielsko. Una terrible epidemia de escarlatina se abatió sobre la región. El doctor Wojtila estaba de guardia día y noche: su desvelo era constante. Trabajó siempre con buen humor, hasta que la muerte le llegó también a él, el 4 de diciembre de 1932, a los veintisiete años.

El día que recibieron la noticia, una vecina ve a Karol de pie, solo y triste, en la puerta de la casa. Emocionada, le abraza y le besa:

—¡Pobre Lolek, has perdido a tu hermano!

El muchacho, de doce años, la mira con seriedad, y dice simplemente:

—Es la voluntad de Dios.

Solos, definitivamente, se quedan el padre y el hijo, cuyos lazos se estrechan más. Son inseparables. Van juntos al cine, a la iglesia o a comer a la acostumbrada fonda de Banas. En los atardeceres hacen juntos largas caminatas, hablando unas veces, otras disfrutando en silencio del paisaje espléndido de montañas y valles que les rodea. Más adelante diría:

Mi padre era admirable y casi todos mis recuerdos de infancia y de adolescencia se refieren a él. Los violentos golpes que tuvo que soportar abrieron en él una profunda espiritualidad, y su dolor se hacía oración. El mero hecho de verlo arrodillarse para rezar tuvo una influencia decisiva en mis años de juventud.

También el padre tenía el don de la palabra oportuna. En la escuela, el profesor de religión y párroco de la iglesia de Santa María, el padre Figlewicz, puso a Karol al frente del grupo de monaguillos. Sin embargo, no era muy asiduo a las reuniones. Su padre se dio cuenta y le dijo un día:

—No eres un buen monaguillo. No rezas lo suficiente al Espíritu Santo. Debes rezar más.

El propio Karol lo recuerda:

Y me enseñó una oración. No la he olvidado. Fue la lección espiritual mayor, más duradera y más fuerte de todas las que haya podido sacar a consecuencia de mis lecturas o de las enseñanzas que he recibido.

El joven Wojtila

Sus estudios de secundaria, entre tanto, van viento en popa. Querido por sus compañeros y profesores, que lo consideran un buen estudiante y un buen deportista, su carácter es animado y simpático, aunque también silencioso y reflexivo. Todas las mañanas hace el mismo recorrido, sale de su casa, cruza la calle, entra en la iglesia, reza unos momentos y, atravesando la plaza del mercado, llega hasta la calle de Mickiewicz, donde está el instituto.

Su buena voz de barítono lo introduce en el coro parroquial y en el teatrillo de la escuela donde muestra sus excelentes condiciones de actor, por lo que consigue los papeles más difíciles y de mayor lucimiento.

Pronto entra en el Círculo de Teatro de Wadowice, que forman los chicos y chicas del instituto, fundado por un profesor entusiasta y dinámico, Mieczyslaw Kotlarczyk. Éste le enseña cómo la belleza del arte escénico llega al corazón de los hombres. También le descubre las grandes obras del teatro nacional: románticas, patrióticas y cristianas. El profesor se convertirá en uno de los grandes mentores de su vida y en un gran amigo. A pesar de los catorce años que les separan, su amistad no tiene fronteras.

—Mira, Lolek, en el teatro lo fundamental es la palabra, el lenguaje. En eso consiste su estructura literaria. Por eso la expresión del texto es mucho más importante que el vestuario y la puesta en escena. Procura siempre esmerarte en la dicción, en la pronunciación, para que la palabra llegue bien al público. Eso es lo que yo llamo la «palabra viva», la palabra representada y puesta en acción.

El Círculo de Teatro le dará una buena formación, además de buenas oportunidades, como la de viajar a las pequeñas poblaciones de alrededor para realizar representaciones, y el privilegio de no perderse ninguna función importante del Teatro Julio Slowacki. En el instituto Karol conseguirá nuevos amigos y consolidará la amistad con los compañeros de sus años de primaria. Ya el primer día de clase se encuentra en el portal del liceo con uno de sus mejores amigos, Jerzy Kluger, a quien llamaban Jurek.

—¡Hola, Jurek!

—¡Hola, Lolek!

Se llamaban por el apelativo familiar. Jurek era hijo de un prestigioso abogado, presidente de la comunidad judía de Wadowice[1].

La amistad entre Karol y Jurek se consolidará en estos años del bachillerato; serán inseparables compañeros de juegos y de escuela. Crecían y estudiaban juntos. El río y los montes cercanos les aficionaron a la natación, al piragüismo, al montañismo y al esquí, deportes que practicaban de acuerdo con cada estación.

---

1. Cerca de tres millones de judíos vivían entonces en el país; eran el 10% de la población total.

Cuando jugaban partidos de fútbol, el final era siempre el mismo. Karol exclamaba:

—Jurek, es la hora de estudiar.

Inmediatamente corrían hacia la calle de Koscielna, cruzaban el pequeño patio de la casa, subían la escalera exterior hasta el primer piso y se ponían a estudiar en el salón, ante la benevolente mirada del padre de Karol. Se preguntaban el uno al otro sobre fechas y acontecimientos de la historia polaca para afianzar bien esta asignatura. Cuando empezaban los primeros bostezos, el padre les decía:

—¿Qué, chicos, estáis cansados?

Y se acercaba con un hermoso libro de ilustraciones antiguas. Era la historia heroica de Polonia, la sublevación contra los rusos y la larga lista de gente importante condenada al exilio, escritores y músicos: Mickievicz, Slowacki, Chopin. Junto al padre, miraban las imágenes y escuchaban absortos, emocionados, sus comentarios y los poemas que hablaban de las cabalgadas y guerras que asolaron a la patria como una tempestad.

Mientras escuchaban al veterano militar, estaban lejos de saber lo pronto que esos vientos oscuros empezarían a soplar de nuevo sobre Polonia; esta vez desde el Oeste, donde Hitler se había hecho con el poder en Alemania al frente del partido nazi.

El año 1938 fue crucial. El nazismo avanzó. Hitler se apoderó de Austria y su ideario antisemita se abrió paso en algunos ambientes de Polonia. Los judíos empezaron a estar mal vistos. Karol no cambió, siguió siendo amigo de Jurek. Incluso acompañaba a casa a otra condiscípula hebrea, Anka Weber, para defenderla de los polacos intolerantes.

Fue también en el año 1938 cuando Karol pasa el ansiado examen final del bachillerato, la prueba de madurez, que le daría el paso a la universidad. El examen es en mayo, y él lo espera con nerviosismo. En los primeros días de aquel mes, hay un pequeño acontecimiento en Wadowice. Llega el arzobispo de Cracovia, Adam Stefan Sapieha, para impartir la confirmación. También visita el instituto masculino y, en nombre de los estudiantes, Karol pronuncia el discurso de bienvenida, como una prueba más de su liderazgo indiscutible en el instituto, que le ha llevado a ser presidente por elección de varias asociaciones estudiantiles.

El arzobispo, un anciano de setenta y un años, alto y fuerte, de rostro afilado y nariz aguileña, escucha atentamente sentado en un sillón de cuero rojo. El discurso es claro y elegante, y el polaco de Karol fluido y hermoso. Impresionado por la excelente intervención del joven alumno, al terminar, el arzobispo se vuelve hacia el párroco de Wadowice, el padre Zacher, y le pregunta:

—¿Sabe usted qué hará este estudiante después del examen de madurez?

El profesor responde que Lolek todavía no lo tiene decidido.

—Excelencia, si me lo permite puedo decírselo yo —exclama Karol, que lo ha oído.

—Muy bien.

—Estudiaré filología polaca en la Universidad Jagellónica de Cracovia.

—Lástima, lástima —murmura el arzobispo, mirando fijamente al joven, con una sonrisa—. Lástima que no quiera estudiar teología.

El examen de madurez fue un éxito para Karol: máximas calificaciones en polaco, latín, griego, alemán, historia, filosofía y educación física... También triunfó la amistad. En una de las pruebas, Jurek buscó desesperadamente situarse en el banco de detrás de Lolek, en espera de ayuda en la traducción de latín. Se movió, tosió, susurró, y Lolek no se inmutaba. De pronto, vio que se apartaba con gran destreza, dejando al descubierto una magnífica vista de la traducción. Jurek copió rápidamente los pasajes principales. Al final, le agradeció al amigo el detalle. Lolek correspondió con una sonrisa irónica.

¡Con qué alegría se celebró la gran fiesta de fin de curso y el baile tan esperado! Después, las vacaciones. Los amigos se separan. Karol marcha a Cracovia a estudiar humanidades y Jurek a Varsovia a enfrentarse con la ingeniería.

—Nos veremos pronto.

—Iré a verte a Cracovia.

—¡Adiós, Jurek!

—¡Adiós, Lolek!

Lolek y Jurek no volvieron a verse hasta veintisiete años después de su despedida en el instituto.

El 1 de septiembre de 1939, el estallido de la Segunda Guerra Mundial lanzó sobre Polonia una tromba de fuego y horror que separó por completo a los dos amigos, inmersos, cada uno por su lado, en el mar de la contienda.

Cuando Jerzy Kluger —Jurek— emerge a la superficie, bastantes años después, se encuentra en Italia, en la oficina del pequeño negocio que ha montado con un amigo de la infancia, también judío, Kurt Rosenberg. Está escribiendo una carta. Apenas anota la fecha, 20 de noviembre de 1965, Kurt le interrumpe:

—Escucha esto —y le lee esta noticia del periódico: «Ayer, en el Concilio Ecuménico, el arzobispo de Cracovia, Karol Wojtila, pronunció un importante discurso...» ¿No te dice nada?

Jurek levanta la cabeza.

—No, no puede ser. No sé siquiera qué fue de él. Parece que ha pasado un siglo desde que dejé Polonia.

—Pero había un Wojtila en tu clase, un Karol Wojtila. Aquel que hacía interpretaciones teatrales.

—Sí... Lolek; le llamábamos Lolek. Era un tipo especial: el primero en la escuela, en el teatro, en todo. Si se hubiera ido a Estados Unidos, sería presidente de la General Motors.

—¿No podría haber llegado a ser arzobispo de Cracovia?

—Un chico religioso y bueno, sí lo era.

Jurek corta por lo sano.

—Lo mejor es llamar por teléfono. Seguro que estará en el instituto polaco; ¿dónde si no? Tienen allí una residencia que pertenece a la iglesia polaca y, además, está muy cerca del Vaticano.

Toma la guía telefónica del escritorio, busca el número y llama. Efectivamente vive allí, pero no está en ese momento. Le darán el recado. Deja su número de teléfono y cuelga.

—Mejor así. Si lo hubiera encontrado no hubiera sabido qué decirle. Y si estaba y no ha querido ponerse, asunto terminado.

Jerzy estaba nervioso, caminaba por el despacho, volvía a la carta empezada... Sonó el teléfono.

—¿Sí? ¿Es Jerzy Kluger, el Kluger que yo conozco?

—Sí, eso supongo.

—Jurek, vente para aquí. Te espero, ¿puedes venir?

En la sala de espera del instituto polaco Kluger seguía nervioso. Al abrirse la puerta, se vio frente a Karol Wojtila. Sus cabellos ahora eran blancos, pero su expresión la misma. Sonrieron, sin decirse palabra, hasta que el arzobispo levantó los brazos y le dio un fuerte abrazo.

—No has cambiado, Jurek.

—Usted tampoco, Excelencia.

—¿Me vas a llamar de usted? Llámame Lolek, como siempre.

Decidieron dar un paseo. ¡Cuánto tenían que contarse! El holocausto judío: tantos amigos y familiares muertos, noticias de los supervivientes. Y, sobre todo, la historia de Jurek: su vuelta a Wadowice, tras su fracaso en Varsovia por el antisemitismo rabioso, su huida hacia el Este para incorporarse al Ejército polaco, el encuentro con las tropas rusas que invaden Polonia y lo hacen prisionero, el campo de concentración y su liberación tras la declaración de guerra de Alemania a la URSS, en junio de 1941, su incorporación al Ejército británico, la paz, sus estudios en Inglaterra y su definitiva residencia en Italia, casado y con hijos...

Karol Wojtila también tenía mucho que contar... Se despidieron con un fuerte abrazo, mientras Karol musitaba:

—Un día, judíos y cristianos deberían encontrarse así.

Cuando estalló la guerra

Volvamos al 1 de septiembre de 1939... La luz del verano ilumina las agujas de la catedral en la colina de Wawel, que se yergue sobre el valle del Vístula, presidiendo Cracovia, la antigua capital real hasta principios del siglo XVII. Karol se emociona siempre, desde la primera vez que visitó la ciudad, al contemplar el espléndido conjunto del palacio real y la catedral, auténtico relicario de la patria, donde reposan reyes y mártires....

Esa misma emoción le embarga cuando sube la empinada calzada de la colina esta mañana de septiembre. Es primer viernes de mes y está citado con su amigo el padre Figlewicz, su profesor de Wadowice, ahora trasladado a Cracovia. Piensa confesarse y ayudarle en la misa...

Hasta la pequeña capilla llega de pronto el clamor estridente de una sirena de alarma aérea. Poco después, el estallido de una bomba y el estampido de los cañones antiaéreos. Sacerdote y ayudante no pueden dejar de mirarse, prosiguen la celebración a pesar del nerviosismo. Cuando salen al exterior, la gente corre por la explanada, con un grito unánime:

—¡Ha estallado la guerra! ¡Los alemanes nos atacan!

Karol sólo piensa una cosa:

—¡Mi padre está solo en casa!

Echa a correr hacia el barrio de Debnicki, al otro lado del río, donde viven desde el verano pasado, en un pequeño sótano de una casa gris de dos plantas, en la calle de Tyniecka. En el camino encuentra muchos edificios incendiados por el bombardeo, que lanzan al cielo las llamas de la guerra y el humo ocre del nuevo horror que los envuelve. Cruza el puente y llega a casa.

—¡Padre! ¿Dónde estás?

Lo encuentra en la habitación, frente al mueble de la radio que no para de dar noticias.

—Padre, tenemos que irnos.

—¿Irnos? ¿Adónde?

—Hacia el Este. Eso dicen todos. Allí está nuestro ejército para organizar la defensa. Los alemanes no tardarán mucho en llegar a Cracovia.

Saca una maleta, la llena con las prendas imprescindibles y un poco de comida y, con ella en una mano y tomando a su padre del brazo con la otra, sale de la casa, del barrio, de la ciudad entre una multitud que busca la salvación en Oriente.

Mientras marchan fatigosamente, Karol no puede dejar de pensar en los últimos acontecimientos de su vida. Un año llevan en Cracovia, un curso completo en la Universidad Jagellónica, la más famosa y más antigua del país, fundada en el siglo XIV.

Le emociona y le enorgullece estudiar donde lo hicieron famosos alumnos y profesores como Nicolás Copérnico, el astrónomo descubridor de que la tierra gira alrededor del sol; así como de pertenecer a la facultad de Filosofía, que se preciaba de tener una colección formidable de catedráticos e intelectuales internacionalmente conocidos. Entre ellos, el profesor Urbanczyc, de gramática polaca, un «hueso», que no admite ni una equivocación ni un titubeo... Karol se convertirá, en poco tiempo, en su discípulo más brillante, trabajador y seguro.

Karol Wojtila descubrió pronto que la vida universitaria ofrecía mucho más que las habituales clases y seminarios. Entró en contacto con muchos compañeros a los que el estudio no les bastaba y que estaban deseosos de colaborar en la edificación de la cultura polaca. Karol fue fácilmente admitido entre ellos. Así lo recuerda un amigo:

—Lejos de ser introvertido, era todo lo contrario.

Había, sin embargo, algo tranquilo, calmoso, profundo y meditativo en este estudiante vivaz y sociable que iba a rezar a la iglesia con regularidad.

Otro de los que intimaron con él es Julio Kydrinski:

—Karol, te voy a presentar una familia que te va a interesar: los Szkcocki. Su casa es un verdadero cenáculo cultural de tertulias interminables: música, teatro, poesía...

Y lo llevó al pequeño chalet «Bajo los tilos», a orillas del Vístula. La familia recibió con cariño a este joven inteligente, sereno y callado, que escribía versos y que era un gran aficionado al teatro. El alma de aquella casa era la señora Szkcocka, la abuelita Irene, como la llamaban todos, que desde entonces trató a Karol como a un hijo.

Pero todo acabó con la aparición de los Stukas[2] alemanes en el cielo de Cracovia. Ahora, en su huida hacia el

---

2. *Stuka*: avión de combate alemán, utilizado en esos años en ataques en picado.

Este, padre e hijo los siguen temiendo. En cualquier momento pueden aparecer y ametrallar la columna de refugiados. La situación es angustiosa; su padre ya no puede proseguir cuando a lo lejos divisan un río.

—¡Es el Sam!

—¡Entonces hemos recorrido ya casi doscientos kilómetros!

En dirección contraria aparecen algunos militares desarrapados y sucios.

—La Unión Soviética ha declarado la guerra a Polonia. El Ejército polaco ha sucumbido. Los rusos ya han pasado la frontera y siguen avanzando. ¡Volveos a Cracovia! Allí estarán los alemanes, pero al menos estaréis en vuestras casas.

Durante la ocupación nazi

Si bien es verdad que debo mucho a un solo año de estudio en la universidad más antigua de Polonia, puedo afirmar que los cuatro años siguientes, vividos entre obreros fueron para mí un don de la Providencia. La experiencia que adquirí durante aquel período de mi vida no tiene precio. He dicho muchas veces que le concedo tal vez más valor que a un doctorado, ¡lo cual no significa que subestime los títulos universitarios!

Estas palabras de Juan Pablo II señalan lo que fue su vida tras la trágica invasión alemana, aunque llame «don de la Providencia» a lo que humanamente es un cúmulo de desgracias. Cracovia ocupada, su bandera impresa con la esvástica negra —la cruz gamada— ondeando sobre el castillo del Wawel, residencia ahora del gobernador general, Hans Frank.

La universidad cerrada. Los profesores, convocados con engaño a una asamblea por las autoridades alemanas, son detenidos y deportados al campo de concentración de Sachsenhausen. Y los judíos perseguidos, marcados con la estrella de David y trasladados hacia lo desconocido... El riesgo de aniquilación se cierne sobre todos, especialmente sobre intelectuales y estudiantes, considerados peligrosos.

Corría el otoño de 1940, cuando, dadas estas circunstancias, un día la abuelita Irene aconsejó a Karol:

—Ya has cumplido los veinte años. Tienes que conseguir una documentación laboral, la *Arbeitskarter*, que dicen ellos. Sin ella estás expuesto a la deportación o a la muerte, para qué nos vamos a engañar. Te da derecho además a cupones de racionamiento. Voy a hablar con un amigo mío, el señor Kulakowski, director de la fábrica Solvay.

Así es cómo empezó a trabajar en la cantera de Zakrzowek, cerca de Cracovia, su primer destino, en el invierno de 1940. El frío era tan intenso que se untaba las manos de vaselina para evitar las heridas en la piel. Con botas y un mono rojo oscuro demasiado grande, picaba rocas con un mazo hasta llenar una carretilla, que luego empujaba hasta la vagoneta en la vía del ferrocarril...

Mientras trabaja, compone versos, que pasa por escrito en cuanto tiene un momento de tranquilidad:

Escucha bien, escucha los golpes del martillo,
la sacudida, el ritmo. El ruido te permite
sentir dentro la fuerza, la intensidad del golpe.
Escucha bien, escucha, eléctrica corriente
de río penetrante que corta hasta las piedras,
y entenderás conmigo que toda la grandeza
del trabajo bien hecho es grandeza del hombre...

En la cantera se hizo buenos amigos. El capataz, un polaco bondadoso de origen alemán llamado Krauze, lo destinó más tarde a la colocación de explosivos. Sabía que era estudiante y que, cuando podía, dedicaba tiempo a los libros, al volver a casa.

—Así podrá usted —lo trataba de usted por respeto a sus conocimientos—, entre voladura y voladura, refugiarse en el cobertizo y leer un rato.

Efectivamente, aun estando en «vacaciones forzosas», Karol no se privaba de estudiar, de escribir poemas y pequeños dramas, como *Job* y *Jeremías*. Leía en el tiempo libre, incluso durante el escaso almuerzo, y, sobre todo, estudiaba y escribía al regreso del trabajo. Un regreso penoso, bajo el peso del cansancio y la distancia.

Por las tardes, a la salida del trabajo, su padre le esperaba en casa. Desde la Navidad de 1940 se encontraba enfermo de un grave mal de corazón y permanecía casi todo el día en la cama, muy cansado para arreglar la casa o preparar la comida. Por eso, Karol pasaba primero por la casa de su amigo Julio Kydrinski, a recoger la cena que les preparaba su madre.

El 18 de febrero de 1941 hizo como todos los días. Esta vez, la hermana de Julio, María, se empeñó en acompañarle, para calentarles la comida.

—¡Papá, papá! Soy yo. Te traigo las medicinas. También ha venido María...

Ésta se fue rápidamente a la cocina y él entró en el dormitorio. El padre parecía descansar tranquilo, dormido. La mitad de su cuerpo sobresalía de la cama. Karol procuró acomodarlo. Al tocar sus manos las encontró muy frías. Lanzó un grito. María acudió corriendo y vio a Karol sollozando.

—Tampoco hoy estaba al lado de mi pobre padre. No había nadie para acompañarle, ni siquiera yo... Acompañado de sus amigos, Karol veló el cuerpo de su querido padre toda la noche, rezando y pensando... Con veinte años estaba definitivamente solo en la vida.

—Nunca me sentí tan solo... —diría más tarde.

Sin embargo, el verano de 1941 trajo dos acontecimientos felices para Karol. El primero, su mentor de la «palabra viva», Mieczyslaw Kotlarczyk, y su esposa Sofía lograron huir de Wadowice a Cracovia. El segundo, la dirección de la Solvay lo destinó al departamento de purificación de la fábrica de sosa cáustica de Boreck Falecki; se trataba de un trabajo más llevadero, consistía en transportar la cal en cubetas y mezclarla con el agua en proporciones adecuadas.

La aparición de Kotlarczyk en Cracovia llenó de energía a los jóvenes actores. Karol consigue que el matrimonio amigo viva con él en el sótano de la calle de Tyniecka. El 22 de agosto fundan el clandestino Teatro Rapsódico, el famoso Teatro de la Palabra, con la intención de levantar el ánimo de los polacos con la representación de sus obras dramáticas inmortales.

El Rey Espíritu, de Slowacki, es la obra inaugural. Se basa en el asesinato de san Estanislao, arzobispo de Cracovia, por el rey Boleslao, en 1079. Un acontecimiento clave en la historia polaca.

Se representa en un piso del centro de la ciudad, a una hora temprana para terminar antes del toque de queda impuesto por los alemanes. La parte escénica y decorativa estaba reducida al mínimo: los personajes vestidos de negro, unas velas encendidas y diseminadas por la habitación y el efecto dramático que añadía la nostálgica música de Chopin, otro genio patriótico de Polonia. Aunque lo esencial era la recitación del texto poético.

Karol sorprendió a todos optando por el papel de rey en vez del de Estanislao. En su interpretación subrayó más :pentido y lleno de dolor por el l de asesino.

Mi verdadero camino

En esos primeros años de Cracovia, Karol está plenamente convencido de que su futuro radica en la dedicación profesional al teatro, como medio de llegar al corazón y a la mente de las personas. Los planes de Dios, sin embargo, son distintos.

Después de la muerte de mi padre, ocurrida en febrero de 1941, poco a poco fui tomando conciencia de mi verdadero camino. Yo trabajaba en la fábrica y, en la medida que lo permitía el terror de la ocupación, cultivaba mi afición a las letras y al arte dramático. Mi vocación sacerdotal tomó cuerpo en medio de todo esto, como un hecho interior de una transparencia indiscutible y absoluta. Al año siguiente, en otoño, sabía que había sido llamado. Veía claramente lo que debía abandonar y el objetivo que debía alcanzar «sin una mirada atrás». Sería sacerdote.

En ese tiempo, también, Karol había crecido hacia dentro, el único espacio en el que no encontró barreras. En ese camino conoció de improviso a un extraño y excelente guía: un sastre, Jan Tyranowski. Un hombre sencillo y alegre, de cabellos rubios, ojos azules y tímidos, que no demostraba los cuarenta años que tenía. Todo su tiempo libre lo dedicaba al apostolado con los jóvenes de la parroquia de San Estanislao de Kostka, en la barriada de Debniki.

Karol se confía al nuevo amigo:

—Rezo continuamente, pero no puedo resignarme a la muerte de mi padre... Todos los días, después del trabajo, acudo a visitarle al cementerio.

—Comprendo tu dolor, pero no alcanzo a comprender cómo puedes rezar sin sentir, al mismo tiempo, a tu padre muy cerca de ti.

—¿Puede ser mi forma de rezar?

—Es posible. Hay muchas formas de orar. Una de ellas es la contemplativa: una mirada a Dios dirigida desde el fondo de nuestra alma. Prueba a leer a san Juan de la Cruz o a santa Teresa de Ávila.

—Probaré.

Karol recuerda a Jan Tyranowski como uno de esos santos anónimos que viven escondidos entre la gente:

—Él me hizo partícipe de la riqueza de su vida interior. Durante la ocupación fue un verdadero maestro de vida espiritual para muchos jóvenes. En él vi la belleza del alma. Yo no pensaba en el sacerdocio cuando él me prestó, entre otras, las obras de san Juan de la Cruz. Debo a ese admirable desconocido la revelación de un universo.

El convencimiento de que Dios le llamaba por el camino sacerdotal desplazó en el corazón de Karol la ilusión de un amor humano, fácil de encender en el ambiente de camaradería del grupo teatral. En aquel entorno no faltaban chicas formales y guapas, como Halina Kroliekievicz, que compartía con él los papeles de protagonista. Sin embargo Karol vivió la transición con naturalidad, como él mismo lo cuenta:

—Hubo un día en que supe con certeza que mi vida no se realizaría en el amor humano, cuya belleza siempre he apreciado profundamente. Cristo nos exige pureza de corazón según nuestro estado y vocación. Esta pureza no se adquiere sin renuncias y sin luchas internas contra nuestra propia debilidad; pero una vez adquirida esta madurez de pensamiento y de corazón, compensa al ciento por uno los esfuerzos que exige.

Los amigos y compañeros advierten la religiosidad de Karol, esa tendencia constante a la oración en el trabajo, en la iglesia, en la fábrica, en casa. Ora, pero lo hace con esa naturalidad coherente con la que realiza su trabajo, con la que actúa en el teatro. Todos lo admiran por ello. En la fábrica, un supervisor, señalándolo, le dijo un día a una empleada de la cocina, que lo recuerda emocionada:

—Este chico que ama a Dios es un chico culto, con mucho talento, escribe poesía y ahora escribe sobre santa Teresa... No tiene madre... es muy pobre. Dale una rebanada de pan más grande, porque lo que le damos en la fábrica es lo único que come.

Karol Wojtila se decide definitivamente a entrar en el seminario. Es el momento de decírselo a Kotlarczyk. El 22 de septiembre de 1942, después de ensayar una obra de Norwid en el piso compartido de Tyniecka, Karol se volvió hacia él.

—Mira, no me asignes más papeles en el futuro. Lo siento, no podéis contar conmigo, porque voy a ingresar en el seminario clandestino.

Kotlarczyk se quedó de una pieza y se pasó horas tratando de convencerlo.

—Piénsatelo bien, Lolek. También el arte es santo y con él se puede cumplir una gran misión en la sociedad. Tú tienes grandes aptitudes para el teatro, para la interpretación y para escribirlo. Recuerda el Evangelio: la parábola de los talentos advierte contra su desperdicio. ¡Y eso es lo que vas a hacer tú!

Ordenación sacerdotal

El seminario, por supuesto, también era clandestino. El arzobispo Stefan Sapieha lo había puesto en marcha en octubre de 1942, y encargó a varios sacerdotes la formación de un nutrido grupo de aspirantes al sacerdocio, dispersos por la ciudad, que no se conocían entre sí. Se reunían donde podían y estudiaban con dificultad.

Vivir así suponía un gran riesgo. La Gestapo, la policía nazi, imponía la pena de muerte, o la prisión en el cercano campo de Auschwitz, a los estudiantes de teología que eran descubiertos. En los cinco años de ocupación asesinaron a 2.467 sacerdotes polacos.

Karol, con otro compañero, fue invitado a ayudar en la misa matinal al arzobispo, con el que desayunaba después. Durante dos años llevó esta vida: se levantaba al amanecer, cruzaba el río, acudía a la misa de las seis y media, corría luego a la fábrica Solvay, cumplía con su trabajo y regresaba a casa para realizar los deberes de sus asignaturas de teología. Incluso durante los primeros seis meses pudo cumplir sus compromisos con el Teatro Rapsódico.

A la fábrica se llevaba libros, como siempre. Uno de ellos significó mucho en su vida, como contará años después:

—Recuerdo que lo llevé mucho tiempo en el bolsillo, incluso en la fábrica de sosa, y que sus hermosas tapas se mancharon de cal. En aquel tiempo me cuestioné, de alguna manera, mi culto a María, considerando que éste, si se hace excesivo, acaba por comprometer la supremacía del culto debido a Cristo. Me ayudó entonces el libro de san Luis María Grignion de Montfort, titulado *Tratado de la verdadera devoción a la Santísima Virgen.* En él encontré las respuestas a mis dudas. Efectivamente, María nos acerca a Cristo con tal que se viva su misterio en Cristo.

Lecturas, estudios, trabajo, teatro... hicieron su vida agotadora. A primera hora de la tarde del 29 de febrero de 1944, regresó de trabajar dos turnos seguidos en la fábrica. De improviso, un pesado camión del Ejército alemán pasó rozando la acera, le golpeó y le derribó. Karol perdió el conocimiento. Allí quedó tirado y tal vez habría muerto si no se hubieran dado las siguientes circunstancias: una mujer lo ve desde un tranvía que recorre despacio la calle desierta, salta de él y acude al cuerpo tendido.

—¡Pobre muchacho! ¡Lo han atropellado!

Un oficial alemán pasa en ese momento con su automóvil y se detiene. Lo examina y ve que está vivo. Con una señal, para un camión que transporta tablones de madera.

—¡Tú! —ordena al conductor—: ¡Lleva inmediatamente a este herido al hospital más cercano!

Conmoción cerebral, dos semanas de internamiento. La convalecencia la pasa en el hogar de la abuelita Irene, que ha perdido su casa «Bajo los tilos», confiscada por los nazis, y ahora vive en un piso cerca de Karol, justo al doblar la esquina.

—Me salvó la Providencia —diría más adelante.

Y volvería a salvarlo. La guerra fue cada vez peor para los alemanes en el frente ruso y en el occidental. También en el interior de Polonia.

El 1 de agosto de 1944, estalla el gran levantamiento de Varsovia. El mando alemán teme que suceda lo mismo en Cracovia y el día 6, el «Domingo negro», las tropas realizan una gran redada en toda la ciudad. Ocho mil ciudadanos, entre hombres y muchachos, fueron detenidos. La redada nazi alcanza también Debnicki y la calle de Tyniecka. Karol y los Kotlarczyk están en casa.

—¡Escondeos entre los arbustos del jardín! —suplicó Sofía a Karol y a su marido.

No le hicieron caso. Karol se arrodilló y se puso a rezar. Los alemanes irrumpieron en la casa, abrieron todas las habitaciones de los dos pisos, pero no bajaron al sótano. Al marcharse, Karol seguía arrodillado y Kotlarczyk sentado ante la mesa, sin moverse...

La redada preocupó al arzobispo Sapieha.

—Como los alemanes capturen a nuestros seminaristas ¡adiós a nuestros futuros sacerdotes! Hay que reunirlos a todos en el palacio arzobispal. Al menos, compartiremos el peligro.

Karol escribe:

Permanecí en este seminario peculiar, al lado del amado arzobispo metropolitano, desde septiembre de 1944, y allí pude estar junto con mis compañeros hasta el 18 de enero de 1945, el día —o mejor dicho, la noche— de la liberación.

Ese día, los seminaristas —eran siete en total— pasaron la noche rezando y esperando en la capilla. De madrugada, los soldados soviéticos entraron en la ciudad. Las tropas alemanas, en retirada, hicieron explotar el puente Debniki. La terrible detonación y la onda expansiva rompió todos los cristales de las ventanas de la residencia arzobispal.

En aquellos días también empezaron a salir de los campos de concentración los supervivientes, liberados por los rusos.

Edith Zirer, judía, que en la actualidad vive en Israel, cuenta una historia insólita.

—Me acuerdo perfectamente. Tenía yo trece años y estaba sola y enferma. Había pasado tres años en un campo de concentración alemán, a punto de morir. Karol Wojtila me salvó la vida. Era una gélida mañana del invierno de 1945. Yo no sabía que toda mi familia había sido masacrada por los nazis.

Cuenta que los rusos la liberaron del campo de concentración de Hassak, donde había trabajado en una fábrica de municiones, el 28 de enero.

—Dos días después, llegué a una pequeña estación entre Czestochowa y Cracovia. Me eché en una gran sala donde había docenas de prófugos, todavía con el traje a rayas de prisionera. Wojtila me vio. Vino con una gran taza de té, la primera bebida caliente que probaba en unas semanas. Después me trajo un bocadillo de queso, hecho con pan negro polaco... ¡divino! Yo no quería comer, estaba demasiado cansada. Me obligó. Luego me dijo que tenía que caminar para poder subir al tren. Lo intenté pero me caí al suelo. Entonces me tomó en brazos y me llevó a cuestas hasta el vagón, mientras caía la nieve.

—¿Cómo puede estar segura de que era Karol Wojtila? —se le pregunta.

—Recuerdo su chaqueta marrón y su voz tranquila contándome la muerte de sus padres, de su hermano, y me decía que también él sufría, pero que era necesario no dejarse vencer por el dolor y combatir para vivir con esperanza. Su nombre se me quedó grabado para siempre en la memoria... Quisiera darle las gracias en polaco, desde el fondo de mi corazón.

Terminada la guerra, Karol aprueba con éxito todos los exámenes de teología. Sapieha, el arzobispo, que acaba de ser nombrado cardenal, siente una gran alegría. Está encantado con la personalidad equilibrada, la inteligencia y la firme vida interior del joven Karol, que confirma su corazonada de Wadowice. Es un buen elemento para los tiempos difíciles que esperan a Polonia, donde se está consolidando el comunismo, impuesto por el Ejército Rojo.

—Karol, te voy a ordenar sacerdote inmediatamente, sin esperar a tus compañeros. Quiero que estudies en Roma lo antes posible. Será una oportunidad única para tu formación.

—Mi ordenación —reconoce ya Papa— tuvo lugar un día insólito para este tipo de celebraciones: fue el 1 de noviembre, solemnidad de todos los santos, cuando la liturgia de la Iglesia se dedica totalmente a celebrar el misterio de la comunión de los santos y se prepara a conmemorar a los fieles difuntos. El arzobispo eligió ese día porque yo debía partir hacia Roma para proseguir los estudios. Fui ordenado solo, en la capilla privada de los arzobispos de Cracovia. Mis compañeros serían ordenados el año siguiente, en el Domingo de Ramos. Ese día de otoño de 1946 ha quedado fijado en su mente y en su corazón:

—Me veo así, en aquella capilla, durante el canto del *Veni Creator Spiritus* y de las letanías de los santos, extendido en forma de cruz en el suelo: esperaba el momento de la imposición de las manos. ¡Un momento emocionante!

Karol Wojtila, con veintiséis años, ha llegado a la cumbre de su destino, un destino misterioso. Así lo expresará siendo papa:

—La vocación sacerdotal es un misterio. Es el misterio de un maravilloso intercambio entre Dios y el hombre. Éste ofrece a Cristo su humanidad para que Él pueda servirse de ella como instrumento de salvación, casi haciendo de este hombre otro sí mismo. Si no se percibe el misterio de este «intercambio» no se logra entender cómo puede suceder que un joven, escuchando la palabra «¡sígueme!», llegue a renunciar a todo por Cristo, en la certeza de que por este camino su personalidad humana se realizará plenamente.

Al día siguiente de la ordenación, celebra su primera misa en la cripta de las tumbas reales de la catedral, sobre el altar de san Estanislao, al que tiene tanta devoción. Sus ornamentos son negros, como manda la liturgia de ese día de difuntos, pero su cara brilla de felicidad: la conmemoración le permite decir tres misas de sufragio. En el corazón y en la plegaria están presentes los nombres de sus padres y hermanos que no han podido verle en este soñado día.

La celebración familiar estalla en casa de la abuelita Irene, a la que asiste con muchos amigos, como Jan Tyranowski, quien está radiante de alegría.

—Karol, para quien tiene la suerte de poderse formar en la capital del cristianismo, es importante «aprender Roma».

Este consejo de despedida del rector del seminario de Cracovia, P. Kozlowski, le será fácil de seguir a Karol Wojtila, que se enamoró al instante de la ciudad. Atrás queda un emocionante viaje:

—Por primera vez salía de las fronteras de mi patria. Miraba desde la ventanilla del tren en marcha ciudades que conocía por los libros de geografía. Vi por primera vez Praga, Nuremberg, Estrasburgo y París.

Se hospedó en el colegio belga, muy cerca del palacio del presidente de la república y a cuatrocientos metros del Angelicum, la célebre universidad internacional de los padres dominicos donde Sapieha quiere que estudie.

Desde las ventanas de la universidad, edificada en una colina y en medio de un hermoso jardín, se divisa una vista espléndida de las ruinas del Foro Imperial.

Sus compañeros —veintidós en total, entre ellos cinco norteamericanos— acogen con cariño a este joven delgado, del que uno de ellos comentó más tarde:

—Nunca llegó al colegio un curilla peor equipado: estaba flaco, pálido, con la sotana raída... ¡Bien se veía que regresaba de una guerra!

De una guerra a otra «guerra»: la de los libros. Tiene un año y medio para estudiar, como le ha pedido su cardenal, «mucho y deprisa».

Entre los profesores del Angelicum había un teólogo tomista muy importante, con fama de santo y considerado una autoridad en teología moral. A este padre, Réginald

Garrigou-Lagrange, acude Karol para que sea el director de su tesis.

—Es un tema en el que ya he venido trabajando últimamente en Cracovia. Su título es algo así como *El acto de fe en san Juan de la Cruz*. La fe como medio para unir el alma con Dios.

—¿Tienes conocimientos de español?

—En Cracovia empecé a aprenderlo. Aquí pienso dedicarle todas las horas que pueda. No serán muchas... Lo considero fundamental, sobre todo para captar la belleza original de la poesía de san Juan, tan ligada a su teología.

El dominico francés, especialista en la teología mística del santo español, acoge favorablemente al joven y con el trato se convierte en su director espiritual.

Karol estudia castellano, practica el francés con sus compañeros belgas y recibe las primeras clases de inglés de sus colegas norteamericanos, aumentando así, con su inmersión en el italiano, su «colección» de idiomas. Con todos sus compañeros hace deporte y recorre los rincones de la urbe, «aprendiendo Roma»; se siente cada vez más integrado.

Dentro de lo posible, no pierde la ocasión única de ampliar la visión de Italia. Durante su estancia, aprovechando las vacaciones de Navidad y Pascua, consigue conocer desde el Asís de san Francisco hasta el Montecassino de san Benito, la Siena de santa Catalina y las importantes ciudades de Nápoles, Florencia, Milán y Venecia.

En julio de 1947, al aprobar brillantemente la licenciatura, le llega una carta del cardenal Sapieha.

«Debes aprovechar las vacaciones para viajar por Francia, Bélgica y Holanda. Tienes por delante este tiempo para conocer un poco el mundo y lo que se hace en el terreno pastoral en la nueva Europa de la posguerra. Es importante para tu formación sacerdotal.»

Sus conocidos le dan consejos sobre el viaje.

—Debes empezar por Marsella. Allí verás la gran labor que está realizando el padre Loew. Y es bueno que te pongas en contacto con el movimiento de sacerdotes obreros en los muelles de la ciudad.

—En París, te interesará la labor pastoral en los suburbios de la periferia, especialmente la parroquia dirigida por el padre Michonneau.

Les hizo caso y la lección le fue muy útil.

Una parroquia rural

En julio de 1948, defiende la tesis en el Angelicum e inmediatamente regresa a su país. Una fiesta para sus amigos y una buena ocasión para veladas y tertulias.

—¡Cuéntanos, Lolek!

Y Karol les cuenta su experiencia romana, con detalles pintorescos, pero también les transmite el significado profundo que ha tenido para su formación, abriéndole horizontes universales... y, sobre todo, el enriquecimiento que han significado sus «vacaciones» por Europa. Lo cuenta así:

—Viajé por Francia, Holanda y Bélgica. Contemplé monumentos, museos y apostolados obreros de vanguardia. Descubría así cada vez mejor, desde puntos de vista diversos y complementarios, la Europa occidental, la Europa de la posguerra, la Europa de las catedrales góticas y, al mismo tiempo, la Europa amenazada por el proceso de secularización. Percibía el desafío que todo ello representaba para la Iglesia, llamada a hacer frente al peligro, mediante nuevas formas de pastoral, abiertas a una experiencia más amplia del laicado.

—La mayor parte de aquellas vacaciones las pasé, sin embargo, en Bélgica. Durante el mes de septiembre estuve al frente de la misión católica polaca, entre los mineros, en las cercanías de Charleroi. Fue una experiencia muy fructífera. Por primera vez visité una mina de carbón y pude conocer de cerca el pesado trabajo de los mineros. Visitaba a las familias de los emigrantes polacos y me reunía con la juventud y los niños, acogido siempre con benevolencia y cordialidad, como cuando estaba en la Solvay.

Ellos, a su vez, le cuentan sus pequeños sucesos personales y lo que ha pasado en el país durante su ausencia.

—Se han aliviado muchas heridas de la guerra, pero no hemos conseguido la libertad. Como sabes, los comunistas ganaron con mayoría absoluta las elecciones de 1947 y ahora estamos en lo que ellos llaman una «democracia popular».

—Pero, dinos, Lolek, ¿qué vas a hacer ahora?

—Lo primero que haré será convalidar mi tesis en la universidad. Luego, llegar a tiempo al primer destino que el arzobispo me ha encomendado. Me ha nombrado vicario de Niegowic.

—Yo conozco el lugar —dice uno—. Es una pequeña aldea perdida a unos doscientos kilómetros de aquí. No tiene ni luz eléctrica, se iluminan con lámparas de petróleo. Y la iglesia es de madera... Dime, Lolek, ¿eso es un premio por tus brillantes estudios o un castigo?

—El cardenal sabe lo que hace.

El cardenal lo sabía. Quiere que aprenda, por propia experiencia, lo que es la realidad polaca.

Karol procuró enterarse de la manera de ir allá y así lo contó más adelante:

—Fui desde Cracovia a Gdow en autobús, desde allí un campesino me llevó en carreta a la campiña de Marszowice y después me aconsejó caminar a pie por un atajo a través de los campos. Divisaba a lo lejos la iglesia de Niegowic. Era el tiempo de la cosecha. Caminaba entre los campos de trigo con las mieses en parte ya cosechadas, en parte aún ondeando al viento. Cuando llegué finalmente al territorio de la parroquia de Niegowic, me arrodillé y besé la tierra. Había aprendido este gesto de san Juan María Vianney (el santo cura de Ars).

La sorpresa fue tremenda para el campesino que, en su carro tirado por un caballo, se lo encontró por el camino polvoriento de entrada al pueblo. No se podía creer que aquel joven sacerdote de aspecto desastroso, vestido con una sotana deshilachada y unas botas agrietadas, que transportaba una cartera grande y abultada con sus pertenencias, fuera el nuevo ayudante del párroco.

Vivió allí un año, pero hizo muchos amigos y muchas cosas en tan escaso tiempo: visitó todos los pueblos que pertenecían a la parroquia, organizó grupos de jóvenes, atendió a los enfermos y necesitados, realizó ejercicios espirituales en cuaresma... y confesó.

También casó a trece parejas de novios y bautizó a cuarenta y ocho recién nacidos.

Sólo dejó una vez de bautizar, demostrando la delicadeza de sus convicciones: A principios de 1949, una mujer de Dabrowa le llevó un niño de seis años llamado Hiller, para que lo bautizase.

—¿Cómo es que no lo has bautizado aún?

—Bueno, la verdad es que no es mío, aunque lo he criado yo. Una mujer judía me entregó el bebé, antes de que los nazis la mataran en el gueto de Cracovia. Me suplicó que lo escondiese. Ahora, ha pasado el peligro...

—¿Tiene familia?

—Parientes en Estados Unidos. Entre ellos una abuela.

—Pues habrá que mandarlo a Norteamérica. Sería desleal bautizar a un niño judío sin permiso de su familia.

Se hicieron las gestiones necesarias y Hiller partió para los Estados Unidos en el transatlántico polaco *Batory*. Pasaron los años, y ya en el Vaticano, Juan Pablo II fue abordado en una audiencia general por un rabino.

—Muchas gracias, Santidad. Si le cuento las circunstancias me recordará. Yo soy Hiller, el niño judío que usted no quiso bautizar en Niegowic.

Y aún hizo en Niegowic otro gesto para recordar. Se acercaba el aniversario de los cincuenta años de la ordenación sacerdotal del párroco. Los feligreses le preguntaron:

—Padre Wojtila, ¿cuál es el mejor regalo para celebrar las bodas de oro del padre Buzala?

—Recolectar fondos para una nueva iglesia.

Y así fue cómo mucho más tarde, a finales de 1958, recién nombrado obispo, monseñor Wojtila consagró el nuevo templo de ladrillo y argamasa. El anterior, de madera, se trasladó a otra aldea que no tenía iglesia.

Apostolado universitario

A fines de 1949, el cardenal Sapieha llama a Karol Wojtila a su palacio episcopal.

—Creo que tu estancia en el campo te habrá servido enormemente. Allí has tenido todas las incomodidades y todos los problemas que foguean a un buen sacerdote. Ahora te necesito en Cracovia. Haces falta en el apostolado universitario, que es precisamente lo que te conviene. ¿No es así? Te destino a San Florián.

La iglesia de San Florián, en pleno centro de la ciudad, data del siglo XII y es una de las más antiguas. El párroco, Tadeusz Kurowski, fue profesor de Wojtila en el seminario y lo recibe con alegría.

—Te vas a encargar de la catequesis de los cursos superiores del instituto y de toda la acción pastoral entre los estudiantes universitarios que vienen por aquí.

Karol se entrega a su cometido. Y así lo recuerda:

Comencé allí las conferencias para la juventud universitaria; las tenía todos los jueves y trataban de los problemas fundamentales de la existencia de Dios y la espiritualidad del alma humana, temas de particular impacto en el contexto del ateísmo militante, propio del régimen comunista.

Las condiciones políticas de la nación, que ponen trabas a casi toda clase de reuniones, llevan a Karol Wojtila a descubrir una nueva fórmula de apostolado. De manera bastante improvisada, comienza a realizar excursiones con jóvenes que le acompañan con entusiasmo a escalar montañas, a esquiar por sus laderas invernales o, en el buen tiempo, a navegar en piragua por ríos y lagos, a rodar en bicicleta hacia un santuario de la Virgen: Kalwaria, Czestochowa...

Estas salidas a campo abierto —que terminan sentados junto al fuego para charlar, cantar, bromear y reír— sirven para que los jóvenes abran su alma y se dejen ayudar por este sacerdote de profunda espiritualidad y de buen humor. Empiezan a llamarle «tío Karol», no sólo por afecto, sino también por razones de naturalidad. Y él les dice:

—Llamadme así, muy bien, sobre todo en público. No quiero que se escandalicen los aldeanos de estos pequeños pueblos montañeses de ver a un cura con este atuendo deportivo. Además, no hay que llamar la atención de la policía. No les gusta que los sacerdotes anden con los jóvenes.

En este ambiente, en contacto directo con la naturaleza, sintiéndose atraídos por la belleza de los bosques, de los valles, de los maravillosos panoramas oteados desde las cumbres, tío Karol y sus amigos descubren de una manera directa y real a Dios, haciendo oración en lo alto de una roca o contemplando las aguas tranquilas de un lago. Entienden que Dios está con ellos, y esa convicción les anima a ser mejores estudiantes y buenos cristianos.

Y qué emoción sienten cuando el sacerdote les anuncia:

—Aquí, en este bosque, celebraremos misa mañana al amanecer. No digáis que el templo no es espléndido. ¡Esto sí que son bóvedas!

Este amor por la montaña no lo ha perdido nunca Karol Wojtila. En su viaje pontificio a Japón, en 1981, dialogando con un grupo de jóvenes de aquel país, les decía:

—Me presentáis también una pregunta sobre el deporte. Me alegro mucho, porque puedo responder basándome en mi experiencia. Siempre he dado importancia al proverbio antiguo: *Mens sana in corpore sano*. El esfuerzo físico, particularmente el deportivo, debe servir para esto. Para mí, un motivo suplementario pero muy importante fue siempre el amor a la naturaleza, a los lagos, a los bosques, a las montañas.

En este tiempo de San Florián no deja tampoco de escribir. Es cuando termina su drama *Hermano de nuestro Dios*, sobre una figura que siempre le ha llegado al corazón y que él mismo, ya papa, canonizaría en 1989. Se trata de un pintor de principios de siglo, Adam Chmielowski, que abandonó el arte para dedicarse a los pobres y desgraciados de Cracovia y, convertido en fray Alberto, fundó una orden de terciarios franciscanos dedicada a los desheredados de la fortuna. Ya Papa, hizo un guión de cine sobre esta obra, llevada a la pantalla por el director polaco Krzysztof Zanussi.

Catedrático de universidad

El 23 de julio de 1951 muere el cardenal Sapieha, a los ochenta y cuatro años de edad, entre muestras de dolor de toda Cracovia. El nuevo arzobispo, Eugeniusz Baziak, llama a Karol algunos meses después:

—Quiero que dejes San Florián y pidas dos años de licencia para estudiar. Debes hacer un doctorado civil.

—Seguro que está en esto el profesor Rozycki.

—Me ha convencido a mí, pero también al cardenal, que me habló de este plan antes de morir. Tu camino es la enseñanza universitaria. Con dos doctorados el camino te será fácil. Nuestra Iglesia te necesita.

—¿Y no puedo seguir en San Florián?

—No. Ninguna actividad sacerdotal. Bueno, aunque deberías seguir manteniendo el trato con tus amigos universitarios.

El profesor Rozycki incluso lo alojó en su casa. Estaba decidido a ayudarle en todo lo posible con sus estudios.

—Creo que tu tesis debe girar sobre la aplicación de la teoría de los valores de Max Scheler a la ética cristiana. Es un reto, pero, permíteme que te lo diga así, muy propio para tu inteligencia integradora.

Y Karol se aplica a ello. Dice misa temprano en Santa María y dedica un par de horas al confesionario. El resto del día lo dedica al estudio.

Dos años después, en 1953, el doctor Karol Wojtila es admitido en el cuerpo docente universitario de la Facultad de Teología de Cracovia.

El 5 de marzo un grito de alivio estremece a Polonia y a los países del interior del telón de acero.

—¡Ha muerto Stalin!

Con la muerte del sanguinario dictador todos esperan que las cosas mejoren en Polonia. De momento, sucede al revés. El régimen, preocupado por las posibles reacciones, detiene al cardenal Wyszynski, arzobispo de Varsovia y primado de Polonia, y lo confina en un monasterio capuchino. Cierra la Facultad de Teología de la universidad, lo que obliga a Karol a dar sus clases en el seminario o a pronunciar esporádicas conferencias en distintas ciudades y en la Universidad Libre de Lublin.

Por aquí le llega la esperanza. La Universidad Libre de Lublin es la única católica en el ámbito soviético. Sostenida con donativos privados, es «admitida» por el Gobierno debido al prestigio de su enseñanza. Su rector queda impresionado por el joven profesor.

—Doctor Wojtila, estoy en condiciones de ofrecerle la dirección del Departamento de Ética de la universidad. Las cosas, como ve, han mejorado. El nuevo Gobierno de Gomulka es más conciliador, después del año terrible que hemos tenido con el levantamiento de los obreros ferroviarios de Poznan. Ahora han vuelto a sus sedes Wyszynski y Baziak...

Estamos a finales de 1956. A los treinta y seis años, el doctor Wojtila emprende su tarea de catedrático universitario. No es una labor fácil. Sigue residiendo en Cracovia, y pasa dos días a la semana en Lublin: recorre los 340 kilómetros que separan ambas ciudades en trenes nocturnos. Terminadas las clases vuelve a Cracovia, donde llega a las seis de la mañana. Por suerte, la estación está cerca de la iglesia de Santa María. Allí dice la santa misa, y después va a su casa, donde prosigue su trabajo científico: estudia, prepara clases y escribe.

En Lublin da las clases en el aula más espaciosa de la universidad. Los profesores comentan:

—Es que vienen a escucharle alumnos de otras facultades. Es impresionante ver la clase llena, con muchos alumnos de pie, apoyados en las paredes.

—Su forma de explicar no es nada fría ni lejana. Basa sus lecciones en una reflexión sobre la propia experiencia.

—¿Y qué me dices de los debates en que interviene? Dice lo que tiene que decir y luego escucha atentamente. Su virtud es saber escuchar.

—Yo diría que su virtud es la humildad ¡hasta en la discusión!

Él recuerda aquella época universitaria con emoción:

—La filosofía me llevó a la Universidad Católica de Lublin, donde me puse en contacto con un ambiente joven y vivaz. Durante muchas charlas fuera del aula, mientras tomábamos té —cosa que tiene su importancia—, pudimos repasar muchos problemas, tanto de contenido como metodológicos. Gracias a esas charlas, volví a ver mi camino científico.

Del remo al timón

El sol brilla sobre las aguas del lago Masuria. Unas piraguas se deslizan sobre su espejeante superficie en la mañana veraniega. Karol Wojtila y sus amigos universitarios han montado su campamento en esa bella región del norte de Polonia. Se ha llevado capítulos mecanografiados de su libro *Amor y responsabilidad*, que ha repartido entre los miembros del grupo, porque quiere que todos participen en el debate sobre su estudio de moral sexual, en el que ahora trabaja.

—Lo comentábamos con él —recuerda uno de sus amigos—, sentados en la hierba, a orillas del lago y en el borde del bosque.

Mientras reman, ven que les hacen señas desde la orilla. Acercan la piragua:

—¡Ha llegado un telegrama de Varsovia!

El cardenal Wyszynski quiere verle inmediatamente. Karol parte en autobús para la capital ese mismo día, 4 de julio de 1958. A la mañana siguiente, muy bronceado y con una sotana prestada, visita al primado en la residencia de la calle de Miodowa.

—Ha llegado de Roma su nombramiento como obispo auxiliar de Cracovia. Monseñor Baziak necesita ayuda...

Karol se queda atónito. Calla unos momentos. Deja una vez más su vida en manos de la Providencia, se encomienda a la Virgen y acepta.

—¿Qué debo hacer ahora?

—Esperar unas semanas para la ceremonia de la consagración.

—Entonces, ¿puedo irme de nuevo con mis compañeros de excursión?

—Desde luego. Y escoja un lema para su escudo episcopal.

No tuvo que pensar mucho. Le bastaban las palabras iniciales de la consagración a la Virgen, aprendidas en el libro de san Luis María Grignion de Montfort y que recitaba todos los días: *Totus tuus ego sum...* Sí: *Totus tuus,* todo tuyo.

El 28 de septiembre de 1958 se celebra su consagración episcopal. Es un día oscuro, nublado y húmedo. Dentro de la vieja catedral de Wawel la oscuridad es casi completa, sólo los candelabros la iluminan.

El arzobispo Baziak coloca la mitra sobre la cabeza del nuevo obispo. De repente, un rayo de sol atraviesa las vidrieras y el obispo recibe su clara luz. Hay en la catedral un momento de estremecimiento. Un fiel murmura:

—Un día se convertirá en papa.

El silencio se rompe de improviso. Se oye un grito:

—¡Lolek, no deje que nadie le aplaste!

Es un obrero de la fábrica Solvay, un antiguo compañero de fatigas.

La capacidad de trabajo de monseñor Wojtila empieza a asombrar a los que le rodean.

—Fíjate, le han caído encima todas las tareas del arzobispado. Monseñor Baziak, con su salud tan quebrantada, las ha dejado en sus manos. Y además atiende la cátedra de Lublin, estudia y escribe sin parar.

—Yo diría que posee eso que los psicólogos describen como capacidad de atención múltiple. Es un hombre que llega a todo.

—Es verdad. No hay más que verlo en sus visitas pastorales a las parroquias de la diócesis. Escucha todos sus problemas, ofrece soluciones y horizontes insospechados, se preocupa de los sacerdotes y habla con los feligreses, a los que creo que conoce casi uno por uno.

—Es su manera de luchar contra el sistema que nos oprime: contacto con la gente, gestos de verdad, compromisos a plena luz.

Así actúa el joven obispo, que no ataca ni en público ni en privado al régimen comunista, pero que no admite ninguna de sus decisiones contra la Iglesia, y que dice siempre la verdad, sin miedo.

El intenso trabajo repercute en su cuerpo. Enferma. Fiebre alta, agotamiento total e inflamación de los ganglios del cuello. Su médico y amigo, Estanislao Kownacki, lo examina.

—El análisis de sangre revela que se trata de una mononucleosis.

—¿Una mono qué...? —pregunta el obispo.

—Mononucleosis. Una enfermedad epidémica contagiosa causada por un virus.

—¿Y la receta?

—Ahora medicación. Y siempre, aire fresco y ejercicio:

dos semanas en verano y otras dos en invierno, si no quieres volver a las andadas.

Monseñor Wojtila, a pesar de su estado, no pudo menos de sonreír. Acababa de asegurarse el navegar en canoa los veranos y esquiar en los inviernos. Y, desde entonces, obedeció a su médico.

La llamada del Concilio

No llevaba dos semanas de obispo, cuando le dieron una tremenda noticia: el papa Pío XII había muerto en Roma a los ochenta y dos años. Es el 9 de octubre de 1958 y Karol Wojtila se reúne con Baziak.

—¿Qué va a pasar ahora?

—Es muy difícil sustituir a un papa con tanto prestigio. Me temo que el cónclave será largo.

El 28 de octubre había nuevo papa. El cardenal Angelo Giuseppe Roncalli se convierte en Juan XXIII. Tres meses después sorprende al mundo convocando el Concilio Vaticano II. Monseñor Baziak comenta:

—¡Y decían que era «un papa de transición», porque tiene setenta y ocho años! Pues, vaya con el bondadoso y campechano pontífice. ¡Menuda la ha armado! ¡Nada menos que un Concilio!

—¡Un concilio que hace falta! —responde su auxiliar—. El mundo ha cambiado. La Guerra Mundial lo ha puesto todo patas arriba. ¡Necesitamos nuevas luces del Espíritu Santo!

—Tenemos casi cuatro años para prepararlo. Comenzará en octubre de 1962. Yo me encuentro cada vez más cansado. A ti te toca ayudarme en el papeleo. Verás cuántos cuestionarios tendremos que contestar y cuántos documentos que preparar.

Cuando por fin llega 1962 y se acerca la fecha de la inauguración, el arzobispo Baziak muere de repente. Es el 15 de junio. Al día siguiente, el cabildo elige vicario capitular a monseñor Wojtila, poniéndolo así al frente de la archidiócesis, hasta que la Santa Sede provea.

El 11 de octubre, en la solemne inauguración del Concilio, monseñor Wojtila ocupa uno de los cerca de tres mil asientos asignados a los padres conciliares, en las amplias tribunas de la Basílica de San Pedro.

Desde su puesto, muy cerca de la puerta, ve aparecer, transportado en la alta silla gestatoria, al papa Juan XXIII, que va a presidir este vigesimoprimer Concilio Ecuménico de la Iglesia católica, de la que él es la piedra y el sello de la unidad.

A Karol Wojtila le encanta su nuevo encuentro con Roma, la ciudad amada. Después de catorce años y medio, vuelve a verse con sus admiradas piedras y con antiguos amigos. Visita a su maestro, el padre Garrigou-Lagrange, consultor del concilio, que le pone al tanto de los debates que se avecinan, y reanuda su amistad con el padre Andrés María Deskur, compañero en el seminario de Cracovia desde 1945. Deskur trabaja en Roma desde 1952 y ahora es secretario de prensa del Concilio. Su ayuda es fundamental para moverse en el nuevo ambiente y conocer a personalidades importantes de la curia romana.

—Lolek, Roma y tú habéis cambiado mucho desde que estudiaste aquí. La urbe ya no tiene las heridas y la carestía de la guerra, lo malo es su mucho tráfico. Y tú, ahora, eres nada menos que obispo y padre conciliar.

—Yo sigo con las mismas ganas de aprender.

—Pero también tienes muchas cosas que decir.

Por lo pronto se dedica a escuchar. Uno a uno, los padres conciliares van interviniendo en el aula. En latín, la lengua de la Iglesia, como es preceptivo, aunque no todos la dominan perfectamente, especialmente los anglosajones.

El 7 de noviembre le toca a él: la primera de las sesenta intervenciones que protagonizó durante el Concilio. Lo primero que destaca es su fluido latín, fruto del excelente sistema educativo polaco. Luego, sus ideas y puntos de vista, que irán tomando peso a medida que avancen las sesiones.

Fuera de las deliberaciones, los padres conciliares se entrevistan y charlan. Es una oportunidad única de verse con personas de todo el mundo. Wojtila tiene mucho interés por un ámbito que no conoce: el Tercer Mundo, y se relaciona con algunos obispos africanos.

Deskur le cuenta que sus compañeros están encantados de su facilidad con los idiomas, que le permite hacer de intérprete en tantas ocasiones.

—Siempre me ha gustado entenderme con la gente. Recuerda que mi fuerte es la palabra viva. No hay más remedio que estudiar las lenguas de los pueblos. ¡Hay que superar la confusión de Babel!

—Dicen también que eres un gran deportista.

—Bien sabes que me encanta. Y lo necesito para mantenerme en forma. Además, desde que estuve enfermo, ¡es una recomendación médica!

Uno de sus «deportes» es subir hasta la Virgen de Mentorella, un lugar que conoce desde su primera estancia en Italia. Lo recuerdan muy bien los padres polacos que custodian y atienden el santuario en unas montañas situadas a sesenta y cuatro kilómetros al este de Roma.

Llegaba en autobús hasta el pueblo, situado al pie del monte Guadagnolo —no podía permitirse el lujo de alquilar un coche—, y luego subía andando, con los pantalones arremangados hasta las rodillas, los catorce kilómetros empinados de la carretera. Allí le esperaba la Virgen.

—Pienso que el Concilio no va a terminar en esta primera reunión. Hay muchos temas que tratar —le decía su amigo Deskur.

Así fue. En diciembre de 1962, monseñor Wojtila vuelve a su diócesis sabiendo que hay que prepararse para una segunda parte, convocada para el verano siguiente.

Wojtila

Wadowice es un pueblo pequeño en el sur de Polonia, a 50 kilómetros de Cracovia, con unos 19.600 habitantes.

Copérnico

Fryderyk Chopin

En **Polonia** nacieron personajes tales como:

- **Copérnico,** astrónomo y matemático.

- **Fryderyk Chopin,** gran músico y compositor.

- **María Sklodowska Curie,** científica, Premio Nobel de Física en 1903, Premio Nobel de Química en 1911.

- **Henryk Sienkiewicz,** escritor, Premio Nobel de Literatura en 1905.

- **Robert Kubica,** piloto de Fórmula 1 poseedor de varios premios.

- **Shimon Peres,** presidente del Estado de Israel y Premio Nobel de la Paz en 1994.

La familia del Papa

Karol Wojtila nació el 18 de mayo de 1920 en **Wadowice,** al sur de Polonia. Su padre se llamaba **Karol Wojtila,** de quien recibiría el Papa el nombre y el apellido. Era un militar del ejército austro-húngaro, profundamente religioso.

Su madre era **Emilia Kaczorowsky,** de origen lituano, hija de un tapicero de Cracovia. Su oficio era el de costurera. También era una persona religiosa.

En la entrada de su casa tenían una pila de agua bendita y un pequeño altar dedicado al Sagrado Corazón de Jesús.

26 de enero de 1934:

Polonia y Alemania firman un acuerdo en el que se comprometen a no recurrir a la guerra para solventar sus diferencias.

Avance máximo
de Polonia, 1919/20

Avance máximo
soviético, 1920

Línea Curzon

ESTONIA

LETONIA

UNIÓN
SOVIÉTICA

LITUANIA

Danzig

PRUSIA
OCCIDENTAL

Territorio
de Vilnia

Minsk

POZNAN

POLESIA

Varsovia

ALEMANIA

VOLINIA

Kiev

ALTA
SILESIA

Territorio
del Olse

GALITZIA
OCCIDENTAL

Shitomir

GALITZIA
ORIENTAL

CHECOSLOVAQUIA

AUSTRIA

HUNGRÍA

RUMANÍA

1939: El ejército de Polonia tiene 30 divisiones de infantería, 2 de montaña, 1 de caballería con 12 brigadas, 42 regimientos de artillería, 6 batallones de carros blindados –la mayoría anticuados y poco efectivos en combate–. Se estima que su potencial es el mismo que el de la Primera Guerra Mundial. Aun así, se considera uno de los ejércitos más numerosos de Europa.

The Star

LATE FINAL

OLAND INVADED
ritain, France Mobilise

SAW AND MANY OTHER
WNS BOMBED

Troops March Into
land At 5.45 a.m.

ES INVOKE TREATY

WHERE BRITAIN
STANDS

ITALY'S
OFFER TO
MEDIATE

HITLER TELLS ITALY
"WE WILL CARRY OUT
OUR TASK ALONE"

GERMAN FLEET
BOMBARDS
GDYNIA

El desplazamiento hacia el oeste de Polonia, 1945

— Polonia 1938
— Polonia 1945

Königsberg
0,4
Danzig
a la Unión Soviética
2 a Polonia
1,8
Stettin
2,5
Bromberg
Bielorrusia 2,3

Posen
3
Varsovia
Lodz
Brest
a la Unión Soviética

4,5
Breslau
a Polonia
Lublin
1,5

Cracovia

UCRANIA

Población desplazada
(huida, expulsión y traslado)
(en millones de personas)

● alemanes ● polacos
● rusos, bielorrusos, ucranianos

a la Unión Soviética

1 de septiembre de 1939:
Alemania invade Polonia, lo que desata la Segunda Guerra Mundial el día 3 de septiembre.

18 de septiembre de 1939:
Rusia invade Polonia, aunque en 1941 será expulsada por los alemanes.

Finales de 1944:
La Unión Soviética inicia la ofensiva definitiva sobre Polonia, que acabará expulsando a los alemanes en 1945.

Durante la Segunda Guerra Mundial, el nazismo quiso acabar con la cultura polaca. Muchos emplazamientos culturales fueron cerrados o denominados *Nur für Deutsche* (solo para alemanes).

Al final de la guerra, Polonia perdió:
- El 43% de la infraestructura escolar polaca y el 14% de sus museos.
- Del 39% al 45% de sus médicos y dentistas.
- Del 26% al 57% de sus abogados.
- Del 15% al 30% de sus profesores.
- Del 30% al 40% de sus científicos y profesores universitarios.
- Del 18% al 28% de su clero.

Sin embargo, Polonia resistió este ataque a su cultura con iniciativas como el *Teatro Rapsódico*, en el que participó Karol Wojtila, como se ve en la imagen de la derecha.

Prensa nazi en Polonia.

Los panfletos de esta resistencia cultural criticaban la situación del país ante la invasión de rusos y alemanes, como muestra la caricatura de la época.

Tres papas, dos cónclaves

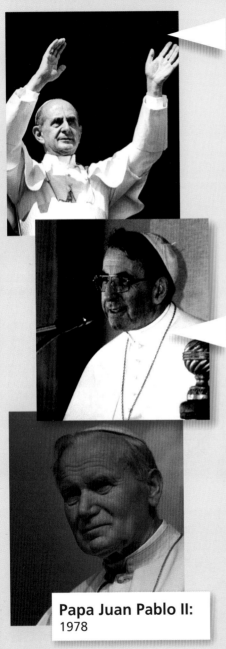

Pablo VI: Giovanni Battista Montini nació en Brescia, Italia. Fue ordenado sacerdote a los 23 años de edad, y pasó gran parte de su sacerdocio al servicio de la Secretaría de Estado del Vaticano. En 1954 fue nombrado Arzobispo de Milán. Es conocido como «el Arzobispo de los obreros». El 21 de junio de 1963 es nombrado Papa. Continuó y finalizó la ardua tarea del Concilio Vaticano Segundo, comenzada por Juan XXIII. Murió el 6 de agosto de 1978.

Juan Pablo I: Albino Luciani nació en Forno di Canale, Italia. Fue ordenado sacerdote en 1935. En 1954 es nombrado vicario general de Belluno y en 1958 es consagrado obispo de la diócesis de Vittorio Veneto. Posteriormente es nombrado patriarca de Venecia y cardenal. Se le recuerda por su naturalidad y sencillez. Después de ser nombrado Papa, en 1978, muere de forma súbita, dando paso a un segundo cónclave.

Papa Juan Pablo II:
1978

y un año: 1978

¿Qué es un cónclave?

El **cónclave** consiste en la reunión de los cardenales de la Iglesia Católica con el fin de elegir un nuevo Papa. Se lleva a cabo en la **Capilla Sixtina,** en la **Ciudad del Vaticano.**

Su nombre procede del latín, y quiere decir literalmente «bajo llave», pues los cardenales conviven aislados en el mismo recinto mientras dura la elección.

Una vez que han escogido al **nuevo Pontífice** y este ha aceptado el cargo, lo comunican al mundo entero a través de una chimenea: con unos materiales, producen **humo blanco,** lo que indica que la Iglesia tiene nuevo Papa.

A través de esta chimenea se anuncia la elección del nuevo Papa.

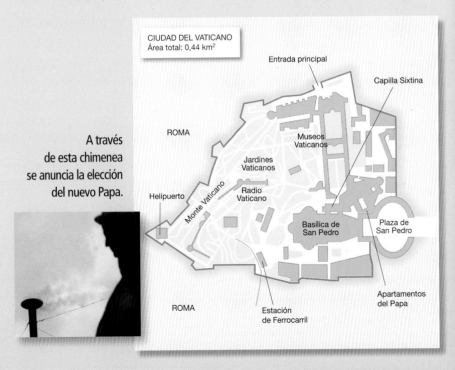

CIUDAD DEL VATICANO
Área total: 0,44 km²

Entrada principal

Capilla Sixtina

ROMA

Museos Vaticanos

Jardines Vaticanos

Helipuerto

Monte Vaticano

Radio Vaticano

Basílica de San Pedro

Plaza de San Pedro

Apartamentos del Papa

ROMA

Estación de Ferrocarril

El Papa de los jóvenes

En 1986 se celebró en Roma la **Primera Jornada Mundial de los Jóvenes.** Estas jornadas se celebran cada año el Domingo de Ramos. A partir del año siguiente, cada dos o tres años, las **Jornadas Mundiales de la Juventud** adquieren un formato internacional, citándose todos los jóvenes con el Papa en algún lugar del mundo.

El número aproximado de jóvenes que se ha reunido con Juan Pablo II es de 12.800.000.

Un encargo del Papa

A principios del año 1984, el Santo Padre se dio cuenta de que en la Basílica de San Pedro faltaba una cruz. Por lo tanto, mandó colocar una cruz de madera. Cuando atravesó por última vez la Puerta Santa, entregó esta cruz a los jóvenes del Centro San Lorenzo y, como si hablara en privado, dijo a los cinco que la recibían:

«Al acabar el Año Santo, os confío el signo de este año jubilar: la Cruz de Cristo. Llevadla por el mundo como signo del amor de Jesús a la humanidad...». Los jóvenes tuvieron la intención de tomarse al pie de la letra lo que les dijo el Papa: **llevar de verdad la Cruz por el mundo.**

Jornadas Mundiales de la Juventud con Juan Pablo II

Año	Ciudad	País	Número de asistentes	
1986	Ciudad del Vaticano	Italia	300 000	jóvenes
1987	Buenos Aires	Argentina	1 000 000	"
1989	Santiago de Compostela	España	400 000	"
1991	Czestochowa	Polonia	1 600 000	"
1993	Denver	Estados Unidos	500 000	"
1995	Manila	Filipinas	5 000 000	"
1997	París	Francia	1 200 000	"
2000	Roma	Italia	2 000 000	"
2002	Toronto	Canadá	800 000	"

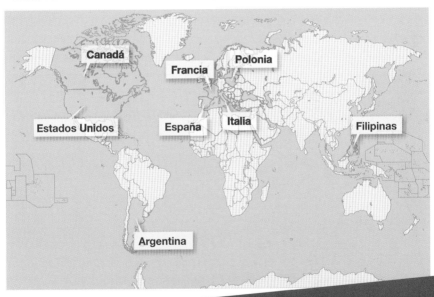

Y aún hay más...

Las jornadas mundiales de la juventud siguieron celebrándose tras la muerte de Juan Pablo II. La primera fue en el año 2005, en **Colonia**, Alemania; después en **Sídney**, Australia, en el 2008. Benedicto XVI se reunirá de nuevo con los jóvenes en **Madrid**, en el año 2012.

El Papa viajero

El papa Juan Pablo II ha sido comparado en numerosas ocasiones con el apóstol San Pablo por la cantidad de viajes que realizó para predicar. Viajó un total de 1.247.613 kilómetros, lo que equivale a 3,24 veces la distancia de la Tierra a la Luna, en viajes papales dentro y fuera de Italia.

En cuanto a su predicación, los números son también enormes:

- Leyó más de 20.000 discursos en un total de casi 100.000 páginas.
- Emitió más de 100 documentos importantes, incluyendo 14 encíclicas, 45 cartas apostólicas y 14 exhortaciones apostólicas.
- Se reunió con más de 1.590 jefes de Estado o de Gobierno.

VIAJES DE JUAN PABLO II

1. Belice
2. Honduras
3. Nicaragua
4. Jamaica
5. Haití
6. República Dominicana
7. Curaçao
8. Saint Lucia
9. Trinidad Tobago
10. Cabo Verde
11. Senegal
12. Gambia
13. Guinea
14. Burkina Faso
15. Costa de Marfil
16. Benin
17. Camerún
18. Sao Tome and Principe

ITALIA
Roma
Tres Tabernas
Foro de Apio · Puteoli
Regio
Siracusa ·
Malta ·

MACEDONIA
Filipos
Samotracia
Berea · Tesalónica
Troas
MISIA
Pérgamo
Esmirna
Atenas Éfeso · Laodicea
Corinto · Mileto
Mira

PONTO
BITINIA
GALATIA
ASIA
Antioquía
Iconio
Listra
Perge Derbe Tarso

CAPADOCIA
Antioquía

Salamina ·
Pafos ·

Sidón
Tiro · Tolemaida
Cesarea · Samaria
Jope · Jerusalén
Gaza ·

Buenos Puertos

Cirene

Alejandría EGIPTO

LIBIA

→ Primer viaje
→ Segundo viaje
→ Tercer viaje
→ Viaje a Roma

VIAJES DE SAN PABLO

Corea del Sur   Japón

Bangla Desh
a
Tailandia   Filipinas
Guam
Singapur
anka
Indonesia   Papua Nueva Guinea
Islas Salomón
Fiji
Australia
Gabón
Congo
Zambia
Zimbabwe
La Reunion Island
Mauricio
Seychelles
Ruanda
República de África Central

Nueva
Zelanda

Islandia

Noruega
Finlandia
Suecia   Estonia
Irlanda   Letonia
Gran   Dinamarca   Lituania
Bretaña
Holanda
Bélgica   Alemania   Polonia
Luxemburgo
Liechtenstein   Rep. Checa
Austria   Eslovaquia
Francia   Eslovenia   Hungría
Croacia   Rumanía
San Marino   Bosnia
Herzegovina
España   Albania
Grecia
Marruecos   Malta
Túnez
Portugal

El atentado y el perdón

El 13 de mayo de 1981, mientras saludaba a los fieles en la Plaza de San Pedro, Juan Pablo II sufrió un atentado que a punto estuvo de costarle la vida. El terrorista turco Mohamed Alí Agká le disparó dos tiros a escasa distancia desde la multitud. El atentado en San Pedro lo postró dos meses y medio en el policlínico Gemelli.

Dos años después de ese ataque Juan Pablo II sorprendió al mundo al visitar a su agresor en la cárcel y perdonarlo.

¡Santo ya!

El mismo día de los solemnes funerales de Juan Pablo II, que todos llamaban ya *el Grande*, se vieron numerosas pancartas con la leyenda en italiano *Santo subito!* (¡Santo ya!).

Benedicto XVI, su sucesor, recogió este sentir del orbe católico y mandó que se iniciaran los trámites para el proceso de beatificación el 13 de mayo de 2005, apenas mes y medio después del entierro de Juan Pablo II, dispensando así los cinco años reglamentarios para abrir un proceso después de la muerte del fiel.

Un proceso de beatificación es un estudio exhaustivo muy complicado –un verdadero juicio– de la vida y las virtudes humanas y cristianas del candidato a ser elevado a los altares, con cientos de declaraciones, cartas y pruebas de todo tipo. La sentencia: Karol Wojtila vivió todas las virtudes en grado heroico.

Un milagro cercano al Papa

El proceso de beatificación exige el reconocimiento de un milagro, que es el sello de Dios, que ratifica así que esa persona está con Él. El milagro se produjo dos meses después del fallecimiento del pontífice, el 2 de junio de 2005, en la persona de una religiosa francesa, sor Marie Simon Pierre. La monja sufría la enfermedad de Parkinson, que desapareció sin dejar rastro, de la noche a la mañana, tras encomendarse a Juan Pablo II.

El postulador de la causa de beatificación de Karol Wojtila, el sacerdote polaco monseñor Slawomir Oder, ha explicado que el caso de la hermana Marie Simon Pierre fue escogido, entre otros muchos recibidos, por dos motivos: quedó curada de la enfermedad que padeció el mismo Papa, y también porque con su curación ha podido seguir trabajando en las maternidades, «en la batalla por la dignidad de la vida», que también libró el pontífice con su magisterio y ministerio.

La beatificación de Juan Pablo II se celebra en la Plaza de San Pedro el 1 de mayo de 2011, en medio del fervor de casi dos millones de fieles llegados de los cinco continentes.

Arzobispo de Cracovia

La muerte de Juan XXIII, el 3 de junio de 1963, aplaza la segunda sesión conciliar que se inaugura por el nuevo papa, Pablo VI, el 29 de septiembre.

Karol Wojtila no se puede incorporar hasta el 7 de octubre, a causa de un nuevo ataque de virus. En esta segunda etapa realiza una sola intervención, pero muy significativa, sobre el que sería el documento fundamental del Concilio: la constitución dogmática sobre la Iglesia, llamada *Lumen gentium* (Luz de las gentes).

—¿Qué te parece si, cuando acabe la sesión, visitamos Tierra Santa? —le dice un amigo obispo—. Estamos preparando una peregrinación colectiva.

—Me parece muy bien. Me apunto. Si trabajamos en el Concilio por la renovación de la Iglesia, ¿qué mejor que dirigirnos sin rodeos a Cristo el Señor en los lugares donde nació, vivió, enseñó, actuó, luego sufrió, murió, resucitó y entró en los cielos?

—¡Has dicho el credo completo!

—Los santos lugares son la geografía de la salvación.

De regreso, y emocionado por las huellas de Jesús, vuelve a Roma y luego a Cracovia, donde le espera una sorpresa.

—Eminencia, ha llegado un escrito de la Santa Sede. Se le ha nombrado arzobispo metropolitano de Cracovia. Ya es arzobispo titular, de pleno derecho, a los cuarenta y cuatro años. Es el más joven de Polonia. Monseñor Wojtila se desplaza a Roma a la tercera sesión del Concilio, que comienza el 14 de septiembre de 1964. Es entonces cuando despliega una actividad extraordinaria durante las siete semanas que duró.

Interviene en la asamblea para hablar de la libertad religiosa, y llama la atención de los padres conciliares sobre la falta de libertad en los países del Este y concretamente en Polonia. Y días más tarde, vuelve a pedir la palabra, esta vez para presentar sus ideas sobre lo que debe ser la misión de la Iglesia en el mundo de hoy.

—El documento que estamos tratando sobre la Iglesia y el mundo, y que hemos dado en llamar el esquema 13, va ya por la cuarta redacción y me sigue pareciendo insatisfactorio. El mundo moderno es nuevo en lo bueno y es nuevo en lo malo. Contiene valores nuevos, pero también crisis nuevas. Exige un acercamiento de diálogo.

Se le encarga al arzobispo Wojtila la nueva redacción. De ella saldrá la constitución pastoral *Gaudium et spes*, llamada así por ese «gozo y esperanza», que es común a los hombres y a los discípulos de Cristo.

Al terminar esta tercera sesión conciliar, Karol Wojtila celebra su primera entrevista privada con Pablo VI. El Papa le habla de sus recuerdos polacos como miembro de la nunciatura de Varsovia en 1923. Y Karol Wojtila de su vida de obrero y de profesor universitario en la Polonia comunista, y de todo lo que eso le ha enseñado.

Fue el principio de una relación larga y muy afectiva, que culmina cuando Pablo VI le concede el honor de dirigir el retiro de cuaresma de la curia romana, al que asiste el Pontífice. Sus meditaciones se editaron en forma de libro con el título de *Señal de contradicción*.

El Concilio Vaticano II cierra, por fin, sus trabajos el 8 de diciembre de 1965 y Karol Wojtila puede centrarse y dedicar más tiempo a su labor en la archidiócesis.

En su tierra las dificultades continúan, aunque ahora con el nuevo gobierno se hacen más sutiles. Una de las principales tareas es la construcción de templos, sobre todo en los nuevos barrios que ahogan a Cracovia.

—En Nowa Huta[3] es donde más falta hace una iglesia. Hay 120.000 personas en sus enormes bloques de viviendas y ningún sitio para atenderlas —comenta con su secretario privado.

—Ya sabe lo orgulloso que está el Gobierno con esta barriada. Es un modelo de urbanismo proletario y quiere que también lo sea de su ideología socialista y atea.

—Cuando se construyó, nos asignaron unos terrenos en Mistrzejowice. Eso fue en 1960. Pero no acaban de darnos el permiso para construir. Se escudan siempre en enrevesados trámites burocráticos.

Una noche, en el descampado previsto para la obra, el pueblo planta una cruz de madera. La policía la quiere destruir y los obreros la defienden.

—Haremos guardia día y noche —dicen—. Y se celebrarán misas todos los domingos.

---

3. En polaco significa *Nueva Siderurgia*.

Y así lo hacen. Grupos de obreros cristianos, jóvenes y adultos y hasta mujeres ancianas, rodean y defienden la cruz durante años. Hay encuentros con la policía, carreras, detenciones, gases lacrimógenos... pero la gente no cede. En este lugar, la noche de Navidad de 1971, a pesar de la ira de las autoridades, el ya cardenal Wojtila celebra la misa del gallo a la luz de las velas, ante una inmensa multitud que canta enardecida, a pesar del frío.

El Gobierno tiene que rendirse ante la tenacidad del pueblo... Y el 15 de mayo de 1977 termina la «batalla», que ha durado ¡diecisiete años! El cardenal Wojtila consagra la nueva iglesia de Nowa Huta, un edificio moderno en forma de nave, en la esquina de las avenidas de Carlos Marx y Gran Proletariado.

—¿Cómo lo ha conseguido, eminencia?

—Hablándoles en su mismo idioma. Expliqué a los gobernantes que aquellos obreros reclamaban su iglesia porque eran creyentes. Son obreros de la sociedad socialista, naturalmente, pero están apegados a sus tradiciones religiosas: son hijos de la Iglesia católica. Negarles el templo sería una falta de realismo, un apriorismo. Al final lo han entendido.

Cardenal en dos cónclaves

Karol Wojtila es nombrado cardenal el 29 de mayo de 1967 por Pablo VI. Sigue llegando joven a los puestos de responsabilidad de la Iglesia, ahora con cuarenta y siete años.

El nombramiento de otro cardenal polaco alegra a todo el país y, en especial, al primado Wyszynski, casi prisionero del Gobierno marxista, que no lo deja salir de Polonia, negándole siempre el pasaporte. El poder comunista ha tenido siempre ante Karol Wojtila una actitud fluctuante. Un miembro de la policía secreta se lo decía así a un amigo:

—El Gobierno abriga la idea de enfrentar a los dos. El cardenal primado es un interlocutor inquebrantable; Karol Wojtila es más comprensivo, progresista y reformista, un exponente de los nuevos tiempos. El primado es conservador, tradicionalista, todavía anclado en el pasado.

Pero la oposición entre los dos hombres de Iglesia sólo existe en la mente de los gobernantes. Son dos estilos al servicio de una misma decisión y de la misma fe. Mientras Wyszynski multiplica sus diatribas férreas, Wojtila, más intelectual, prefiere minar el sistema a golpes de argumentos irrefutables. Cuando el poder prohíbe celebrar la fiesta del Corpus Christi en la vieja plaza del Mercado, una tradición secular, Wojtila clama:

—¡Si hasta los criadores de perros tienen derecho a estar en ella!

En el Corpus de 1976, durante la procesión por los lugares autorizados —entre los que no estaba, por supuesto, la plaza del Mercado—, se atrevió a contar en su discurso hechos concretos del heroísmo de los cristianos polacos en defensa de su fe, con este ejemplo:

«Un profesor increpa a un alumno en la escuela:

—Con esa cruz al cuello no puedes venir a clase. Quítatela.

—No me la quito.

—Pues ven mañana con tu madre, porque, si no te quitas la cruz, te expulsaremos.

La madre apoya al muchacho y éste es expulsado.»

—Se me reprocha a menudo —prosigue el cardenal— porque hablo de estas cosas. Pero, ¿cómo podría callarme? ¿Cómo podría dejar de escribir? ¿Cómo podría no intervenir? Toda causa como ésta, se trate de un muchacho, de una madre, de uno de nosotros, simple o culto, profesor universitario o estudiante, toda causa como ésta es ¡nuestra causa común!

Sus gestos tienen un impacto inusitado en Cracovia. Cada vez que un sacerdote es detenido, el cardenal Wojtila acude al día siguiente, sin decir una palabra, a sustituirle en la misa y en el confesionario.

Karol Wojtila siente un gran respeto por el primado de Polonia y evita cuidadosamente que se les pueda enfrentar aplicando el conocido lema «divide y vencerás». Sabe lo que ha significado la vida y sufrimiento del «viejo león» en defensa de la patria.

Una anécdota muestra cómo valora a Wyszynski.

Asistía el cardenal Wojtila a uno de los sínodos de obispos que se celebran en Roma y, al llegar el fin de semana, propuso a otros padres sinodales salir a esquiar.

—¿A esquiar dice usted, eminencia? —pregunta uno de ellos.

—Sí, claro, a esquiar. ¿Es que aquí en Italia los cardenales no esquían? Pues en Polonia el cuarenta por ciento de los cardenales suele hacerlo.

—¿Por qué dice usted el cuarenta por ciento? Que sepamos, en Polonia hay tan sólo dos cardenales, Wyszynski y usted.

—Sí, pero no me negarán que el cardenal Wyszynski vale, por lo menos, un sesenta por ciento.

La vida del cardenal Wojtila se reparte entre la oración y el trabajo. Incluso el trabajo lo convierte en oración materialmente: instala una mesita auxiliar en la capilla para allí escribir ante el sagrario.

—¡Trabaja hasta en los viajes! —comentaba José, su chófer, a sus compañeros del palacio arzobispal—. Estudia, lee, aunque no pueda escribir por los movimientos del coche en tan malas carreteras. Al anochecer, enciende la lamparilla que le hemos puesto en la parte trasera y sigue trabajando. Le gusta ir rápido, para no perder el tiempo. «José, ¡acelera un poquito, hombre!», me dice.

—¿Y qué pasó con lo de los taxistas? —le pregunta un compañero que ya conocía la historia.

—¡Ah, bueno! Un día el cardenal predicó un sermón al gremio de taxistas. Creo que era la fiesta patronal. «Sed prudentes —les dijo— que la vida de otras personas está

71

en vuestras manos y toda vida es importante.» Al regresar a palacio, yo extremaba la prudencia, cuando oigo que el cardenal me dice: «¿Puedo saber por qué vas tan despacio?» Le contesto: «Acabo de oírle recomendar prudencia a los taxistas». ¿Y qué creéis que me dice?: «Eso no va conmigo, mi vida es menos importante que mi tiempo».

No se puede enumerar todo lo que hizo con ese tiempo; pero, cuando llegó a papa, alguien se tomó la molestia de contar lo que había escrito hasta entonces: 5 libros, 44 largos escritos filosóficos, 27 ensayos teológicos y más de 500 artículos de prensa, sin incluir los poemas ni las obras de teatro.

A su conocimiento intelectual y a su experiencia se va uniendo una visión real y personal del mundo. Congresos eclesiásticos e invitaciones pastorales le llevan casi a dar la vuelta a la tierra en viajes de auténtica formación. En 1969, visita Canadá y Estados Unidos, y, en 1973, Australia, Nueva Zelanda y Papúa Nueva Guinea.

El cardenal Wojtila está, por ahora, ajeno a toda premonición cuando le llega la noticia de que el 6 de agosto de 1978 el papa Pablo VI ha muerto.

Dos veces tiene que ir a Roma en el plazo de dos meses. Una vez elegido como papa Juan Pablo I, Wojtila vuelve a Cracovia con la alegría de que ya hay un nuevo papa, desde el 26 de agosto, fiesta de la patrona de Polonia, la Virgen de Czestochowa. La alegría le dura poco. El 29 de septiembre la noticia de la muerte del buen Papa de la sonrisa golpea y conmueve al mundo entero. El cardenal Wojtila se siente muy afectado.

La noche antes de dejar Cracovia camino del nuevo cónclave romano, la pasa en oración. Ahora en su alma se cierne un presentimiento. Y siente sobre sus hombros el peso de la cruz al que se refirió ante sus fieles en el santuario de Mogila, unos días antes:

—El papado es una dignidad muy alta, pero también una cruz muy pesada. El nuevo Papa se ha echado encima la cruz del hombre moderno. La cruz de la familia humana contemporánea.

Sin embargo bromea en el aeropuerto Leonardo da Vinci con uno de los fotógrafos:

—¿Verdad que usted no se imagina siquiera que yo vaya a ser papa? ¿Por qué hace tantas fotografías?

En la víspera del cónclave, la cruz lo visita de nuevo: su amigo, ahora obispo, Andrés Deskur ha sufrido una hemorragia cerebral, y él se acerca a verle a la policlínica Gemelli.

A la mañana siguiente, el 16 de octubre, los ciento once cardenales concelebran la misa inaugural ante el altar de la Confesión de San Pedro. Por la tarde se encerrarán con llave, como su mismo nombre indica, en el cónclave del que no podrán salir hasta que haya un nuevo papa. Hasta entonces, tiempo libre.

Son las cinco de la tarde cuando los últimos cardenales atraviesan la puerta de la Capilla Sixtina. El último en acudir es el cardenal de Cracovia. Por poco no llega a tiempo. Su retraso tiene una explicación muy sencilla: su amor a la Virgen.

Karol Wojtila ha querido una vez más subir hasta la Virgen de la Mentorella. Como siempre se ha detenido al pie del santuario y ha subido andando la montaña. Luego ha vuelto a bajar. Camino ya de Roma, de repente el coche se para. Una avería fulminante lo detiene.

No tiene más remedio que hacer autostop si quiere llegar a tiempo. Cándido Nardi, que conduce un autobús, recoge al sacerdote de *clergyman* y lo deja en la Plaza de San Pedro.

Días más tarde, Cándido Nardi se llena de estupor al ver en la televisión a aquel sacerdote, ahora revestido con la sotana blanca de papa. Karol Wojtila había llegado a tiempo: en la Capilla Sixtina le esperaban ciento diez cardenales... y el Espíritu Santo.

¡No tengáis miedo!

Creo que ya os he contado quién era este hombre venido del Este para ocupar la Cátedra de San Pedro. Ahora me toca explicaros por qué se ha podido decir que la humareda blanca que anunció su elección, aquella tarde del lunes 16 de octubre de 1978, era el humo de un cañonazo. Pero este «cañonazo» resulta una historia difícil de contar.

En la Capilla Sixtina, presididos por el fresco del *Juicio final* pintado por Miguel Ángel, los ciento once cardenales deliberan y votan. Después de algunos empates, empieza a apuntar el nombre de Karol Wojtila, cada vez con más fuerza. El cardenal Wyszynski advierte su preocupación y se acerca a él.

—Si te eligen, te ruego que no lo rechaces.

Poco después la elección se había consumado coincidiendo con la fiesta de una santa polaca, santa Eduvigis de Silesia. Faltaba su aceptación.

Estas fueron sus palabras:

—En obediencia a la fe y delante de Cristo, mi Señor; abandonándome en la Madre de Cristo y de la Iglesia; consciente de las grandes dificultades, acepto.

Entre la fumata blanca y su aparición en el balcón de la basílica para saludar al pueblo expectante transcurrió una hora. Es el tiempo previsto para que el cardenal elegido se revista de pontífice en una pequeña habitación situada detrás del altar. Mientras el sastre retoca una de las tres sotanas blancas preparadas de antemano, Juan Pablo II comenta:

—Desde luego, por falta de valor de los señores cardenales para elegir a un Papa de Polonia no ha quedado...

Y terminó, resignado y sonriente, con la frase con la que siempre empieza y acaba todas sus intervenciones:

—¡Alabado sea Jesucristo!

Al salir, se encuentra con el sillón preparado para recibir la tradicional obediencia de los cardenales. Cuando el maestro de ceremonias lo invita a sentarse, contesta:

—No, yo recibo a mis hermanos de pie.

Y uno a uno les va dando un abrazo. El más largo para su compatriota Wyszynski. El primado polaco diría más tarde:

—Juan Pablo II es una gracia que Dios y la Virgen han hecho a la Iglesia universal. Ha sido un milagro que ha llegado en el momento justo, en un momento muy difícil.

Al aparecer en el balcón sobre la plaza, la multitud lo recibió con gran entusiasmo, sólo por ser el nuevo Papa. Unos minutos después, le aplaudían por ser Juan Pablo II. Cuando esperaban su bendición, como es costumbre, inesperadamente empezó a hablarles en italiano. Les llamaba hermanos, les hablaba en primera persona, abandonando otra tradición, el 'nos' mayestático.

—Los cardenales me han elegido como nuevo obispo de Roma. Me han llamado de un país lejano; lejano, pero siempre muy vecino por la comunión en la fe y en la tradición cristiana.

Y cambiando de tono, añadió:

—No sé si me podré explicar en vuestra... nuestra lengua italiana, pero si me equivoco ya me corregiréis...

Juan Pablo II, con estas palabras ha conquistado ya todos los corazones. La onda expansiva llegó a todo el mundo y también al imperio soviético.

Las campanas de Polonia repican de alegría mientras el secretario del partido comunista, Edward Gierek, recibe una llamada en su casa. Cuelga el teléfono, se vuelve a su mujer y le dice:

—Un polaco se ha convertido en Papa. Es un gran acontecimiento para el pueblo polaco y una gran complicación para nosotros.

Doscientas mil personas se agolpan bajo el tibio sol romano para asistir a la solemne misa inaugural en la Plaza de San Pedro. Es el domingo 22 de octubre. Juan Pablo II ha comenzado su primera homilía:

—¡No tengáis miedo! ¡Abrid, más todavía! ¡Abrid de par en par las puertas a Cristo!

Hay como un estremecimiento de viento impetuoso en el interior de los corazones... Tres veces volvió a repetir estas palabras, como si quisiera grabarlas a fuego en sus oyentes. Y desde entonces, las ha vuelto a pronunciar en cada rincón de la tierra.

—Os lo suplico; os imploro con humildad y confianza: dejad a Cristo que hable al hombre. Abrid a su potestad salvadora los confines de los Estados, de los sistemas económicos y políticos, los extensos campos de la cultura, de la civilización, del desarrollo. ¡No tengáis miedo! Cristo conoce lo que hay dentro del hombre. ¡Sólo Él lo sabe!

La emoción contenida estalla en un aplauso intenso, fulgurante, que se hace interminable. Hay una unanimidad implacable. Sí, no hay que tener miedo, piensa cada cual, mientras se acuerda de tantas contiendas que azotan al mundo y la amenaza terrible de la guerra nuclear.

Un periodista le dice, más tarde, a Miguel Ángel Velasco, corresponsal de un diario español.

—Le han aplaudido hasta en la sala de prensa.

La misa ha terminado. La multitud se va dispersando. Sólo los jóvenes se mantienen firmes, vitoreando al Papa, resistiéndose a marcharse. De improviso la ventana del estudio privado del romano pontífice se abre sobre la Plaza de San Pedro. Aparece Juan Pablo II, el joven polaco que estudió y trabajó en Cracovia, al que los años le han dado experiencia y el báculo de san Pedro, y grita con fuerza:

—¡Vosotros sois el porvenir del mundo, la esperanza del Papa, la esperanza de la Iglesia!

Así se inicia su encuentro con los jóvenes, que se repetirá en todos sus viajes y que florecerá en esos acontecimientos especiales: las jornadas de la juventud.

Un oficio bien aprendido

Al día siguiente de su elección, cuando aún no está plenamente instalado en el Vaticano, se «escapa». Y acude, como un amigo más, al lecho de dolor de su compatriota monseñor Andrés Deskur, que se encuentra en coma profundo en el hospital Gemelli. Los enfermos han invadido los pasillos olvidándose de su dolor por ver al Papa..

—Vosotros, los enfermos, aunque estéis débiles, sois muy poderosos, como Jesús en la cruz. Me encomiendo a vuestras oraciones. Hijos míos, utilizad ese gran poder que tenéis para el bien de la Iglesia, de vuestras familias, de toda la humanidad. ¡Podéis tanto, tanto! Yo me apoyo en vosotros.

Son muchos los romanos que se arremolinan para saludarle en esta primera salida. Y el Papa se ve obligado a hacer altavoz con sus manos para saludar a la multitud y despedirse de ella.

Agradece la acogida que le han dispensado. Y a los médicos, que lo han protegido de ser atropellado en los pasillos del hospital, les dice con buen humor:

—Y agradezco también que me hayáis salvado, pues con tanta gente he corrido el riesgo de quedarme aquí.

La gente espera su bendición y Juan Pablo II se olvida de darla. Un obispo se lo recuerda:

—Santo Padre, la bendición...

—¡Ah, tengo mucho que aprender todavía, aún no me he acostumbrado a ser papa!

Pero pronto, muy pronto, aprende Juan Pablo II a ser papa. Su viejo amigo, el periodista polaco Jerzy Turowicz, decía:

—Karol Wojtila se convirtió en papa con tanta facilidad como si hubiera nacido para serlo.

A su manera, Wojtila ya ha aprendido a ser Juan Pablo II. Después de todo, no hay una forma única de ser romano pontífice: lo esencial y lo verdadero es ser vicario de Cristo en la tierra.

Hay más. El Papa comienza a administrar bautismos y bodas en el propio Vaticano.

Desde aquel noviembre de 1965, en tiempos del Concilio, en que se reencontró con Jerzy Kluger, el compañero judío de la infancia, los dos amigos reanudaron su intimidad y volvieron a llamarse Jurek y Lolek, incluso cuando el cardenal Wojtila llegó a la sede romana. El Papa lo invita con frecuencia a cenar en el Vaticano o en Castelgandolfo. Jurek acude con su esposa Renée, inglesa y católica.

Un día le dicen que han tenido una nieta.

—Le vamos a llamar Tessie y será católica como su abuela. Habrá que bautizarla.

—De eso me encargo yo.

¡Qué cosa más natural que el Papa bautice a la nieta de su gran amigo!

El caso de Fabiana fue distinto. Sucedió el 13 de diciembre de 1978, cuando Karol Wojtila llevaba un par de meses de papa. Visitó una parroquia romana, la de San

Feliciano, en el barrio romano del Portuense. También acudió a un hospital de maternidad. Una joven casada, Ana María del Fusco, acababa de dar a luz a su hija, a pesar de su grave insuficiencia renal. Juan Pablo II se acercó a su cama para bendecirla.

—Santidad, ha sido un verdadero milagro tener esta niña. ¿Querría usted bautizarla?

—En cuanto usted pueda... —comenzó a decir el Papa. En seguida se dio cuenta de que todo estaba preparado para hacerlo inmediatamente, dada la situación de la madre.

Y allí mismo bautizó a la niña, que recibió el nombre de Fabiana.

¿Y qué decir del caso de Giuseppe Janni? Es un barrendero romano que enseña con orgullo la foto más inolvidable de su vida: se le ve con el Papa en la boda de su hija Vittoria, con el electricista Mario Maltese en la capilla paulina del Vaticano.

Sucedió así:

Visitaba el Papa la parroquia de un suburbio romano el día de la Epifanía, en 1979, y se acercó al belén, que había montado Giuseppe con sus amigos. Entabló conversación con él y le preguntó por la familia.

—Dentro de unos días, se casa mi hija Vittoria. Están preparándolo todo.

Viky andaba por allí, lo oyó, y se atrevió a decir al Pontífice:

—Sí, Santidad, me caso en febrero. ¿Podría tener la felicidad de que bendijera mi matrimonio?

—Os espero a Mario y a ti en el Vaticano para fijar la fecha.

Otra foto también se hizo famosa en el mundo. Se la llamó la mejor encíclica sobre el sacramento de la confesión, por aquello de que una imagen vale más que mil palabras. Muestra al Papa en el interior de un confesionario de San Pedro.

Sucedió el Viernes Santo de 1980. Entró por la mañana en la basílica, por una pequeña puerta, cercana a *La piedad* de Miguel Ángel. El Papa llevaba cubierta su sotana blanca con una capa negra sobre los hombros, y se dirigió de incógnito a los confesonarios. Se detuvo ante el del padre Flaviano, que se quedó de piedra al reconocerlo. Pensó que venía a confesarse.

—Padre, ¿me presta el confesonario durante un rato?

No se lo devolvió hasta una hora y media después. La cola que se formó fue inmediata. Pasaron más de treinta personas; la primera, el padre Flaviano.

Desde entonces, todos los Viernes Santo volvió a hacerlo.

El Papa ha predicado mucho sobre la confesión, y escribió, en diciembre de 1984, una exhortación apostólica cuyo título en latín se entiende bien: *Reconciliatio et paenitentia* (Reconciliación y penitencia). La razón es que la causa del mal está en el corazón del hombre.

La vida cristiana no está completa sin una conversión constante y la conversión no es plenamente auténtica sin el sacramento de la penitencia.

A veces sus intervenciones son más prácticas. Con ocasión de la ceremonia de beatificación de un religioso español en la Basílica de San Pedro, el Papa, al terminar, se acercó a los fieles que estaban en la primera fila para saludarles. Una señora de mediana edad le dijo:

—Santidad, en España rezamos mucho por usted.

—Gracias, muchas gracias —y el Papa empezó a alejarse.

La señora le tomó del brazo.

—Santo Padre, mi marido está aquí y hace muchos años que no se confiesa. Por favor, dígale, ruéguele que lo haga.

El Papa dirigió entonces su mirada cariñosa y firme al marido:

—Confiésese; es muy triste vivir sin la amistad de Cristo.

Aquella tarde la pasó el marido muy callado y pensativo. De pronto, le dijo a su mujer:

—Vámonos a San Pedro. Quiero confesarme.

Esta «revolución» de un papa bautizando, casando, confesando en el propio Vaticano, trae de cabeza a los encargados de la seguridad y asombra a algunos más próximos. El Papa les pregunta entre extrañado y divertido:

—Pero bueno, ¿es que el papa no es sacerdote y obispo? ¿Qué tiene pues de particular que distribuya los sacramentos y que haga de sacerdote que, en el fondo, es lo único que un sacerdote debe hacer?

El sacerdote es el mismo Cristo

Ser sacerdote es tan esencial y definitivo que Juan Pablo II pudo decir a los jóvenes que le aclamaban en el parque de los Príncipes de París, en 1980:

——Hace dos años que soy papa, hace más de veinte que soy obispo, y, sin embargo, para mí sigue siendo lo más importante el hecho de ser sacerdote, de poder celebrar cada día la santa eucaristía.

Con estas palabras y tantas otras, ha animado a los jóvenes, en todas las latitudes del mundo a plantearse la vocación sacerdotal, como una de las posibilidades de la vida. Cuando los mira parece que piensa: ¿no habrá aquí alguien que quiera ser sacerdote? Y, si tiene ocasión, lo pregunta a alguno directamente: ¿Has pensado en hacerte sacerdote?

Le ocurrió a un joven norteamericano, que ampliaba sus estudios de pintura en Roma. Animado por unos amigos, asistió a una de las audiencias generales del Papa. Con suerte, pudo colocarse en la primera fila y saludar al Pontífice.

—Soy norteamericano, católico, estudio pintura y mi gran afición es el tenis...

El Papa le escuchó atentamente, le bendijo y siguió su camino, saludando a otras personas. El joven se quedó conmovido por la simpatía y el interés con que le había atendido, y realizó gestiones para asistir a la audiencia siguiente.

Un recorrido similar del Papa entre los peregrinos, le llevó a un segundo encuentro. Juan Pablo II lo reconoció:

—¡El joven pintor, el joven tenista! Llama uno de estos días y jugaremos al tenis.

De esta forma, entre partido y partido, surgió una amistad que les llevó a hablar con confianza e intimidad. Un día Juan Pablo II le sorprendió.

—¿Has pensado alguna vez en ser sacerdote?

—La verdad es que nunca. Mi ilusión es llegar a ser un buen pintor.

—Si fueses sacerdote podrías también pintar todos los días. Con tu trabajo sacerdotal, estarías trazando pinceladas sobre el lienzo de tu tiempo. Y, al final del día, tendrías terminado un cuadro, que le gustaría especialmente a Dios.

El joven acabó entrando en el seminario.

Cuando el primer papa polaco fue por primera vez a Estados Unidos, un periódico americano publicó estos récords de Juan Pablo II:

«Es el primer papa de la época moderna que lee en público sin gafas. El primero que lleva reloj. El primer esquiador, montañero, piragüista. El primero en los últimos cien años que es un cantante excepcional. El primero que desayuna huevos con beicon en el Vaticano, en vez de pan y café como los pontífices anteriores.»

Esto se decía en 1979, cuando aún no llevaba un año al frente de la Iglesia. Desde entonces ha batido muchos récords más; una lista interminable: navegar por el río Congo y por el Amazonas, visitar más de un centenar de países, bajar a una mina, comer con los obreros en el comedor de la fábrica... o viajar en un trineo tirado por perros.

O también salir a la mar en la barca de unos pescadores italianos del Adriático, acompañarlos en su faena, para acabar, al anochecer, sentado con ellos en la orilla cenando un poco de pescado asado. Parece una escena del Evangelio, pero sucedió en el pequeño pueblo de Fano el 12 de agosto de 1984.

¿Y qué decir de sus audiencias generales en Roma, adonde acuden como nunca los peregrinos para verle, hasta el punto de que tuvo que empezar a celebrarlas al aire libre? En esto tiene ya una marca absoluta. Al final de su pontificado había celebrado 1.161 audiencias generales en las que recibió a más de diecisiete millones de fieles. Al final de su primera audiencia había dicho:

—He visto que un papa no es bastante para abrazar a cada uno. Sin embargo, no puede haber más que un papa y no sé cómo multiplicarlo.

Y encuentra una forma para hacerlo. Visitar a los fieles, acudir a las parroquias romanas —visitó 317 durante su pontificado—, romper los muros del Vaticano, saltar las fronteras del mundo y recorrer la tierra. Volver a ser peregrino como san Pedro y san Pablo.

Por los caminos de la tierra

—¡Como san Pablo, Santo Padre! —le decía un periodista en el avión, mientras sobrevolaban el Amazonas.

—Sí, pero él corrió riesgos mayores y le resultaba mucho más fatigoso.

—Sí, san Pablo recorrió el mundo entonces conocido, y Juan Pablo II ha llegado ahora hasta las cuatro esquinas de la Tierra.

Desde su primera partida del aeropuerto romano, en enero de 1979, en su primer viaje a América —Santo Domingo y México— ya llevaba en el corazón todos los que seguirían después. Estas fueron sus palabras de despedida en el aeropuerto de Roma:

—El Papa va a las diferentes partes del mundo, como mensajero del Evangelio, para decir a tantos millones de hermanos y hermanas —niños, jóvenes, hombres, mujeres, trabajadores, intelectuales— que Dios los ama, que la Iglesia los ama, que el Papa los ama, y para recibir de ellos la fuerza y el ejemplo de su bondad y de su fe.

Así ha sido. Durante su pontificado, besó la tierra —esa es su costumbre— de 133 países. A algunos, como España, ha viajado en varias ocasiones. Su cuentakilómetros particular marca tres veces la distancia de la Tierra a la Luna...

Y le han visto en directo, cara a cara... ¡más de cien millones de personas! Y no se puede contar los que le han seguido por televisión, un medio que parece inventado para transmitir el calor y el color de sus audiencias millonarias.

Se le ha visto bajo todos los climas y, a veces, en sólo unos días de diferencia. En su primer gran viaje asiático, en febrero de 1981, visitó el Pakistán y, atravesado el Himalaya y el Indo, las tropicales Filipinas, la paradisíaca isla de Guam, para llegar a un invernal Japón. Desde allí, voló hasta la nevada Alaska.

En el aeropuerto de su capital, Anchorage, una imagen insólita: le esperaba un trineo tirado por perros. En él se montó el Papa y se dirigió a la plaza central de la ciudad. Celebró la misa más glacial de su vida, a cuarenta grados bajo cero.

Su extenso recorrido por el mundo ha llevado a que un periodista italiano se haya atrevido a escribir que sólo le queda un sueño:

Subir un día hasta los cielos en una nave espacial para gritar desde arriba la palabra de Dios, por encima de soles y planetas, a todo el universo.

La cuestión que interesa al Papa no está en las cifras de los que le pueden ver y oír, sino en la respuesta personal que obtiene. Las multitudes no se sienten masa: una a una las personas que las componen, lo miran y lo escuchan como si conversasen a solas con él.

Todos los que han podido saludarle dicen lo mismo:

—Me da la mano, me mira, me escucha, me habla, como si no tuviera otra cosa que hacer que estar conmigo.

Sienten que el Papa se entrega en cada momento.

Como a Cristo, más que las noventa y nueve ovejas, le preocupa la que esté más necesitada.

—Hay que hablar y hablar —comentó en cierta ocasión, aludiendo a sus miles de homilías—. Una de esas palabras alcanza alguna vez a un corazón que se convierte.

En el Parque de los Príncipes de París, en su primer viaje francés, se concentraron miles de jóvenes. A la salida del estadio, un muchacho de unos veinte años logró acercarse a él y le gritó:

—Soy ateo, ¡ayúdeme!

El Papa se acercó al chico y, tomándolo aparte, le dirigió unas palabras. El caso es que un tiempo después, ya en Roma, Juan Pablo II manifestó a su secretario que sentía cierta preocupación:

—No sé si he sabido darle la respuesta adecuada a aquel joven de París. Escriba al cardenal a ver si es posible localizarlo.

Aunque parecía imposible dar con él, a través de algunas organizaciones que colaboraron en aquella magna concentración, y de algunas personas que fueron fotografiadas a la salida del acto, pudieron encontrar al joven ateo.

—El Papa —le dijeron— ha pedido que te buscáramos. Quiere que sepas que reza por ti y que está preocupado porque le parece que no supo darte la respuesta adecuada a lo que le preguntaste.

—La verdad es que al salir del acto fui a una librería y compré el *Nuevo Testamento*. Al abrirlo y leer, encontré la repuesta a lo que buscaba. Ahora estoy recibiendo instrucción en la fe católica. Díganle al Papa que pronto recibiré el bautismo.

Esa comunicación personal la consigue también con el esfuerzo de dirigirse a sus audiencias en su propio idioma. Es un «don de lenguas» que siempre le ha acompañado desde su juventud. Los japoneses le oyeron chapurrear su idioma, leyendo un texto escrito en japonés con alfabeto latino, y se emocionaron. Un policía de Tokio comentó:

—He trabajado en el servicio de seguridad de mucha gente importante, pero esta es la primera vez que veo a un hombre extraodinario que comprende y respeta nuestra cultura y utiliza nuestra lengua.

El Papa del hombre

Juan Pablo II intenta siempre, en sus homilías y discursos, una comunicación personal con cada hombre y mujer que vive en la historia. Con cada una de esas personas concretas, únicas e irrepetibles que tienen su nombre y su apellido. Nunca se refiere a los hombres en general y menos a una humanidad abstracta y etérea.

Éste fue su saludo al llegar a los Estados Unidos:

—Si bien no me es posible entrar en cada casa para saludar personalmente a todos los hombres y mujeres y acariciar a cada niño, en cuyos ojos está reflejada la inocencia del amor, yo me siento cercano a todos y todos estáis presentes en mi oración.

El Papa comprende el sentimiento de las mujeres sometidas al varón durante tantos siglos y todavía en tantos pueblos. A ellas ha dedicado la carta apostólica *Mulieris dignitatem*, del 15 de agosto de 1988, reconociendo su dignidad, su papel en la familia, en la sociedad y en la Iglesia. En suma, su genio femenino. Un genio que le viene de la riqueza de la feminidad que recibió el día de la creación, como expresión peculiar de la «imagen y semejanza de Dios».

Esa unión de Cristo con el hombre —con el ser humano— se hace más patente en los que sufren: los pobres y los enfermos. En todos sus viajes, Juan Pablo II se ha acercado a ellos. En Brasil, no le importó subir —llenándose los zapatos de barro— la ladera que sube a la Favela de Vidigal, un conjunto de chabolas pobrísimas, que se elevan sobre la millonaria playa de Flamingo, en Río de Janeiro.

Besó a un niño descalzo y entró de pronto en un barracón. Se quitó el anillo pontificio, en un gesto de amor y de impotencia, y lo entregó al párroco para que se vendiese. Los feligreses, más tarde, confusos y agradecidos, decían:

—No lo venderemos. Este anillo tiene un valor que nada en el mundo puede pagar.

—Soy la voz de los sin voz —clamaba.

En Manila se atrevió también a entrar en el barrio miserable de Tondo, en el que la suciedad y el abandono supera cuanto pueda ser imaginado.

También hay pobreza en las naciones poderosas. En Nueva York quiso pasar de los esplendores de la lujosa Quinta Avenida a los pobres barrios de Harlem y al Bronx. En el Yankee Stadium neoyorquino se enfrentó a la sociedad opulenta que se entrega cada vez más a un consumismo frenético, exhaustivo y sin alegría:

—No podemos permanecer ociosos disfrutando de riqueza y libertad si en algún lugar el Lázaro del siglo XX está a nuestra puerta.

África es una tierra por la que el Papa siente compasión y se ha hecho su valedor en el mundo. Doce veces ha visitado el continente negro, el continente olvidado, el de la sequía y el hambre, el de la lepra y el sida, la discriminación racial y la explotación...

—Cristo es también africano —, afirmaba en su peregrinación por Zaire, Congo, Kenia, Ghana, Alto Volta y Costa de Marfil, en mayo de 1980.

Se deja revestir con las prendas y tocados de los jefes de las tribus aborígenes, y sonríe. No necesita el consejo de la periodista africana:

—Sonría. Si ríe el Papa, África ríe. Si no ríe no le comprenderán.

En Uagadugú, capital de Alto Volta en el desértico Sahel, lo entendieron muy bien. El Papa volvió a clamar:

—Me hago voz de los que no tienen voz, voz de los inocentes que murieron porque les faltó el agua y el pan.

En la leprosería de la misión de San Gabriel de Kisangani, en el Zaire, hace un calor insoportable. Al Papa, sudoroso, no parece importarle y se demora acariciando uno a uno a todos los leprosos. Al terminar, el obispo le señala la salida y ve, con extrañeza, que el Santo Padre se dirige rápidamente hacia el lado contrario.

—¿Qué pasa? —le preguntan a don Estanislao, el secretario del Papa.

—Nada, que ha visto a aquel muchacho de las muletas de madera, que acaba de entrar, y ha dicho: «Perdonen, debo ir allí... un momento.»

Doce años después vuelve a prestar su voz a los abandonados en Sudán, Uganda y Benín. Y lo repite en la India, en el arrabal más miserable de Calcuta, en la Casa del Corazón Puro de las Misioneras de la Caridad, atestada de enfermos:

—Soy la voz de los pobres, de los pobres de la madre Teresa, la voz de todos los pobres del mundo.

Y acarició a los moribundos del «moridero» con esa misma ternura con que lo ha hecho con los leprosos africanos o con los de Marituba, en la selva amazónica de Brasil.

La nueva lepra del siglo XX es el sida, que no se confina exclusivamente en los países de la miseria y se ensaña también con los opulentos. En San Francisco, en la brillante costa Oeste de los Estados Unidos, las extendidas toxicomanía y homosexualidad dan tasas muy elevadas de enfermos.

Juan Pablo II ha querido mostrarles su comprensión y afecto. En su viaje a Estados Unidos en septiembre de 1987, se acerca a la misión Dolores, uno de los antiguos conventos franciscanos de la época colonial española, hoy centro de ayuda a los enfermos de sida. Juan Pablo II se reúne con ellos en la capilla. Le rodean jóvenes de ambos sexos, también un niño de cinco años contagiado por una transfusión. El Papa lo toma en brazos inmediatamente y lo besa. La televisión, que transmite el acto, recoge el susurro del niño recostado sobre su hombro:

—*I love you, Pope. I love you, very much.*

Su solicitud con los pobres le lleva a acogerlos en su propia casa. De acuerdo con la madre Teresa, sus hermanas se han encargado de un albergue para pobres y vagabundos de Roma en el recinto del Vaticano. Se ha instalado junto al aula Pablo VI, donde se celebran las grandes audiencias. Allí cenó Juan Pablo II con ciento treinta y cuatro pobres el 3 de enero de 1988. Les hizo esta confidencia:

—Quizá algún día Jesús pregunte al Papa: «Tú que has hablado con ministros, presidentes, cardenales y obispos, ¿no has tenido tiempo de encontrarte con los pobres, con los necesitados?» Y entonces, este encuentro resultará más importante que muchos otros.

El sufrimiento es un misterio que el Papa ha querido desvelar con una carta apostólica que lleva como título *El sufrimiento que salva*. La firmó el día de la Virgen de Lourdes de 1984, unos meses después de su visita al santuario donde confluyen el amor a la Virgen y el dolor humano de los enfermos que peregrinan allí en busca de curación y consuelo:

El sufrimiento está presente en el mundo para provocar amor, para hacer nacer obras de amor al prójimo.

Y enseña que lo mejor que se puede hacer con él es aceptarlo y ofrecerlo: *Cristo crucificado es una prueba de la solidaridad de Dios con el hombre que sufre.*

Muy bien lo entendió la ciega madrileña, que se acercó a Juan Pablo II en la reunión de enfermos en Orcasitas, en noviembre de 1982.

—¿Qué le dijiste al Papa? —le preguntó un periodista.

—¡Santo Padre, estoy muy contenta y todo lo ofrezco por usted!

Y luego, como pensando en voz alta, añadió ante el micrófono:

—Nunca le he dado gracias a Dios por estar ciega, pero ahora se las doy, porque gracias a esto he podido besar la mano del vicario de Cristo en la tierra.

Una brecha en el muro

El Papa tiene prisa en volver a Polonia, su patria. Es el objetivo del segundo viaje de su pontificado, en junio de 1979. Una visita que las autoridades comunistas no pueden evitar sin grave escándalo: el pontífice es su compatriota.

Tiene lugar la primera misa en Varsovia. En la Plaza de la Victoria una cruz de diecisiete metros preside el altar. Cientos de miles de polacos llenan la plaza. Otros tantos, en las calles adyacentes, escuchan al Papa por los altavoces. De pronto, su voz se alza como un trueno:

—¡Nadie tiene el derecho de arrebatar a Cristo un pueblo cristiano! No se puede excluir a Cristo de la historia del hombre.

Un aplauso atronador estalla en la plaza. Pasan los minutos y la ovación continúa. Se nota el nerviosismo en las autoridades presentes. Cuando se acerca a los quince minutos, el cardenal Wyszynski hace un gesto enérgico y se hace el silencio...

Al día siguiente, Juan Pablo II se reúne con los jóvenes en el barrio universitario. La Plaza de Santa Ana la llenan cincuenta mil estudiantes. El Papa les dice:

—He estado pensando en los aplausos de ayer. Los aplausos no son importantes. Lo importante es lo que se aplaude. Y ayer vosotros, en la Plaza de la Victoria, aplaudisteis durante quince minutos el nombre de Cristo.

Un gesto unánime es la respuesta impensada. Miles de brazos se alzan con unas pequeñas cruces de madera en la mano. A la vez entonan una canción tantos años prohibida:

«Queremos a Cristo en nuestras casas, en nuestras escuelas, en nuestras vidas... Queremos a Cristo.»

El Papa sigue su inmersión de nueve días en su tierra, una peregrinación a las raíces de la patria. Visita Gniezno, Czestochowa, el santuario de la Virgen Negra, donde la gente fluye a pie por las carreteras y acampa al aire libre, gracias al buen tiempo —hacía calor—, que atribuyen a la presencia de su «papa polaco».

Se ha arrodillado en el cercano Auschwitz, lugar construido sobre el odio y el desprecio del hombre, el campo de los hornos crematorios del holocausto de cuatro millones de personas, especialmente judíos y sacerdotes católicos. Se acerca a los montañeses de Nowytarg, al pie de sus queridos montes Tatra.

Por fin llega a Cracovia, donde festeja los 900 años del martirio de san Estanislao, con las masas tan entusiasmadas que pronto desbordan el enorme prado de Blonia, en las afueras de la ciudad.

De su aeropuerto parte de nuevo para Roma. Está visiblemente emocionado, conmovido:

—Me despido de mi patria... De esta tierra que no puedo apartar de mi corazón.

El coro le ayuda a partir, entonando un aria de la ópera nacional Halka:

«Montañés, no te dé pena dejar tu país...
sécate las lágrimas y mira al cielo.»

—La verdad es —decían los periodistas— que el Papa ha tomado a Polonia en brazos, la ha levantado y se la ha mostrado al mundo y a sí misma.

Los obreros que se habían podido acercar a verle volvían a las fábricas asombrados y decían:

—Éramos millones de rostros sonrientes.

Ese aire de libertad que desencadenó el Papa en Polonia tuvo inevitables efectos políticos. Un año después, en agosto de 1980, surge en la ciudad de Gdansk, a orillas del Báltico, en la desembocadura del Vístula, el sindicato Solidaridad, un hecho sin precedentes en un país comunista. También lo es la huelga convocada en los astilleros Lenin de la ciudad industrial y portuaria, en protesta por el deterioro de la economía polaca.

El mundo observa atónito una situación en la que los obreros comulgan por la mañana antes de ocupar sus puestos de trabajo o de mantenerse en huelga, y en la que unos dirigentes afirman que lo que les da la fuerza en su lucha es la fe.

Ante esa actitud, poco puede hacer el poder. El 31 de agosto de 1980, se puede ver por televisión la firma de los acuerdos de Gdansk, que convierte a Solidaridad en sindicato libre. El imperio comunista ha perdido su primer asalto. Se ha abierto una brecha en el muro...

En el Kremlin de Moscú, no se ven con buenos ojos estos acontecimientos. En el Este europeo rugen los tanques... El Papa le confiesa al cardenal Bertoli:

—Si los rusos invaden Polonia, iré a colocarme ante los tanques.

El 13 de diciembre de 1981, el general Jaruzelski instaura en toda Polonia el estado de guerra. Sólo unos meses antes, el 13 de mayo, una mano armada con una pistola Browning ha abatido al papa Juan Pablo II.

Un atentado en San Pedro

La Plaza de San Pedro reverbera con la luz dorada de la primavera. Es miércoles, día de audiencia. Una multitud de veinte mil personas se agolpa para ver al Papa, que sale por el Arco de las Campanas en su coche blanco descubierto.

Levantan a los niños a su paso para que los bendiga. Una niña rubia con un globo azul le ofrece sus manitas, y el santo Padre la eleva sonriente y la deja luego, con cuidado, en brazos de su padre.

De pronto, varias detonaciones rasgan el aire caliente. Las palomas de San Pedro alzan el vuelo. Juan Pablo II se lleva las manos al abdomen, y se dobla sobre sí mismo lentamente, mientras sus labios musitan una oración. La multitud queda pasmada de espanto y se escucha en la plaza como un gemido. El *jeep* parte rápidamente hacia la ambulancia aparcada en el Arco de las Campanas. Eran las 17 horas y 19 minutos del día 13 de mayo de 1981, fiesta de Nuestra Señora de Fátima.

—¡María, Madre mía! ¡María, Madre mía! —repetía el Papa, caído, pero aún consciente, en la ambulancia que le lleva al policlínico Gemelli. El trayecto, que requiere de ordinario media hora, se hizo en ocho minutos.

Volvía al hospital donde había realizado su primera visita después de ser nombrado Papa, para apoyar su ministerio en el dolor de los enfermos. Ahora es él quien sufre, al borde de la muerte. Está inconsciente y ha perdido mucha sangre. Cinco horas de quirófano sanean sus múltiples heridas viscerales, le cortan cincuenta y cinco centímetros de intestino. El doctor Crucitti, director del equipo médico, comprueba que, a pesar de las lesiones, extrañamente, ningún órgano vital ha sido alcanzado.

El presidente de la República italiana, Sandro Pertini, que ha esperado en el hospital, se acerca a su lecho.

—Cómo sufro, Pertini.

El presidente le acarició la mano y se quedó con él hasta la madrugada. Luego comentaba:

—Somos muy amigos. Si hubiera muerto, yo me habría encerrado en mi despacho y habría llorado como, cuando siendo niño, me dijeron que había muerto mi padre. Quiero al Papa como a un hermano.

Nadie se explica que las dos balas de nueve milímetros no hayan sido mortales: una de ellas ha pasado casi rozando la aorta central. Tampoco se lo explica el terrorista turco Mohamed Alí Agká, inmediatamente detenido en la misma plaza, cuando se enteró de que el Papa vivía.

—No sé cómo he podido fallar y no matarle a tres metros de distancia —dijo a la policía.

Juan Pablo II, cuando volvió en sí, dio la explicación.

—Una mano disparó y otra guió la bala.

Cuatro días más tarde, a las 12 de la mañana del domingo 17 de mayo, la multitud acude a la Plaza de San Pedro para rezar el ángelus, aunque no esté el Papa. De pronto, por los altavoces se oye su voz, débil y fatigosa, emocionada y serena, que llega desde la sala de reanimación del hospital.

—Rezo por el hermano que me ha herido, al cual he perdonado sinceramente. Pienso en las dos personas heridas a la vez que yo. Unido a Cristo, sacerdote y víctima, ofrezco mis sufrimientos por la Iglesia y por el mundo; a ti, María, repito: *Totus tuus ego sum.*

El 18 de mayo, su sesenta y un cumpleaños, concelebra la misa, como desde el día siguiente del atentado, con sus secretarios. Un enfermero le dice:

—Santidad, ya ha recibido su bautismo de sangre.

La convalecencia fue larga. Obedece pacientemente al equipo médico, al que llama bromeando «el sanedrín». Quiere volver a trabajar. El 28 de mayo recibe la noticia de la muerte de su «padre» y amigo, el cardenal Wyszynski. A sus setenta y nueve años, el viejo primado polaco no ha podido resistir el golpe moral del atentado. Poco antes de morir pudieron despedirse hablando por teléfono de cama a cama del hospital.

Desde su lecho de enfermo dirige el gobierno de la Iglesia y dedica todo el tiempo que puede a la oración. El 3 de junio regresa al Vaticano. El 20 tiene que volver al Gemelli: la transfusión de tres litros de sangre que tuvieron que hacerle le ha producido una infección por virus. Juan Pablo II sigue sufriendo.

No sale definitivamente hasta el 14 de agosto, tres meses después del atentado.

—En el hospital Gemelli, los últimos días parecía un león enjaulado —comenta el doctor Crucitti.

Lo primero que hace al llegar al Vaticano es bajar a la cripta, para rezar ante la tumba de san Pedro y la de sus tres predecesores. Al subir, comenta:

—Por poco hay que abrir otra tumba más, pero el Señor lo ha dispuesto de otro modo, y la Virgen.

En el patio de san Dámaso, cardenales, monseñores y guardias suizos, con sus familias, lo reciben con alborozo. Alguien le dice:

—Por fin en casa, Santo Padre.

—Tengamos paciencia —responde sonriendo—, de momento, sólo estoy en el patio de san Dámaso.

Una promesa de Fátima

Quizá el Papa, cuando caía herido en el coche musitando *¡María, Madre mía! ¡María, Madre mía!*, miró en torno buscando una imagen de la Virgen. Y recordó entonces, o después, su conversación con aquel universitario.

Era el 30 de marzo de 1980. Un universitario español recorría con la mirada las estatuas de la Plaza de San Pedro, en Roma; y comentó a los amigos:

—¡Falta la Virgen! Si tengo oportunidad, se lo diré al Papa.

Ese chico era uno de los seis mil estudiantes que tomaron parte en un congreso internacional, y a los que Juan Pablo II recibió en audiencia en el aula Pablo VI, el día 1 de abril de 1980. Cuando el Papa se acercó a su grupo, le dijo:

—Santo Padre, en la Plaza de San Pedro no está la Virgen, no está la Madonna...

Juan Pablo II meditó un momento y respondió en pausado castellano.

—La plaza no está completa... Habrá que terminarla...

Y el ocho de diciembre de 1981, tras el rezo dominical del Ángelus, el Papa inauguraba y bendecía el mosaico dedicado a la Virgen Madre de la Iglesia. Todavía no habían pasado cuatro meses desde su salida del hospital.

—Me alegra inaugurar en la solemnidad de la Inmaculada Concepción de la Santísima Virgen María, este testimonio de nuestro amor y de nuestra devoción; que todos los que vengan a esta Plaza de San Pedro eleven la mirada hacia Nuestra Señora, Madre de la Iglesia, para dirigirle, con sentimiento de filial confianza, el propio saludo y la propia oración.

Al año justo del atentado, el 13 de mayo de 1982, Juan Pablo II se arrodilla ante la Virgen de Fátima, en su santuario portugués. Ese día se cumple también el sesenta y cinco aniversario de la primera aparición de la Virgen a los pastorcillos Lucía, Jacinta y Francisco. Una coincidencia misteriosa que el Santo Padre recuerda ante el más de medio millón de personas que llenan la explanada:

—Estas fechas se han cruzado entre sí de tal modo que me ha parecido reconocer en ello una llamada especial a venir aquí. He venido a dar gracias a la Divina Providencia en este lugar que la Madre de Dios parece haber escogido de modo particular.

Ese reclamo apunta al segundo de los tres secretos de Fátima.[4] La Virgen pedía «la consagración de Rusia a mi Corazón Inmaculado, para asegurar la paz, o de lo contrario Rusia propagará sus errores por el mundo provocando guerras».

Tanto Pío XII como Pablo VI consagraron el mundo a la Virgen, pero Rusia no cambiaba. Sor Lucía, la superviviente de Fátima, que se reunió con Juan Pablo II, insistía:

---

4. La Virgen, según los pastorcillos, les confió tres secretos. El primero anunciaba la muerte de Francisco y Jacinta; el segundo, el fin de la Primera Guerra Mundial: los dos ocurrieron. Del tercero se habla más adelante, en el capítulo 27.

—Lo que Nuestra Señora quiere es que el Papa y todos los obispos del mundo consagren Rusia a su Corazón Inmaculado en un día especial. Si esto se hace, Ella convertirá a Rusia.

El Papa vuelve a Roma. Año y medio después, el día de Navidad de 1983, una foto vuelve a estremecer al mundo. En una pequeña celda de la cárcel romana de Rebibbia dos hombres sentados en dos sillas muy juntas hablan en voz baja, como si se tratase de una confesión. Son Juan Pablo II y Mohamed Alí Agká. La víctima y el agresor del atentado. Al final del diálogo, el Papa abraza a su frustrado asesino que besa su mano conmovido. ¿De qué hablaron?

—Lo que nos hemos dicho —diría después el Papa— es un secreto entre él y yo. Yo debo respetar los secretos de una persona. Le he hablado como se habla con un hermano al que he perdonado y que goza de mi confianza.

Ni el Papa ni el Vaticano han dicho nada sobre quién armó la mano del terrorista turco. Un velo de misterio ha caído sobre un caso cuyas conjeturas parece que se pierden en la brumas de las estepas orientales.

El Papa siempre habla de su agresor tratándolo de hermano. Así lo hacía una y otra vez en sus conversaciones con André Frossard, hasta que éste un día no pudo más y le respondió:

—Pues, «el hermano Alí Agká», Santo Padre, ya podía haber encontrado otra manera de entrar en la familia...

El abrazo al terrorista turco se produjo en pleno año jubilar de la Redención, que conmemoraba los 1.950 años de la muerte de Cristo. Unos meses después, el 25 de marzo de 1984, fiesta de la Anunciación, el Papa consagró el mundo al Inmaculado Corazón de María ante la imagen de la Virgen de Fátima que llegaba desde su santuario de Portugal.

Doscientas cincuenta mil personas abarrotaban la plaza de San Pedro. El aire se llenó de vítores y de ondear de pañuelos blancos cuando la imagen de la Virgen hizo su entrada. Todos recordaban el atentado que sufrió el Papa el 13 de mayo de 1981. El Santo Padre comenzó la consagración:

—Nos acogemos a tu protección, Santa Madre de Dios...

Y ahí están el hambre y la guerra, la guerra nuclear y la autodestrucción incalculable, el odio y la violencia...

—¡Ayúdanos, con el poder del Espíritu Santo, a vencer todo pecado...!

En ese mismo día, los 2.600 obispos de la tierra, cada uno en su diócesis, realizaron la misma consagración del mundo y de Rusia. Así se cumplió la petición de María.

Un año después, el 11 de mayo de 1985, en Moscú, la muerte de Chernenko lleva al poder a Mijaíl Gorbachov, elegido secretario general del partido comunista.

Rusia parece que se mueve. A las pocas semanas, su programa se resume en dos palabras: perestroika y glasnost, reestructuración y transparencia. Empieza el cambio en la Unión Soviética. Cambios políticos y religiosos: en junio de 1988, se celebra oficialmente el milenario del bautismo del pueblo ruso.

Polonia, por su parte, está sumida en graves tensiones. Juan Pablo II volvió a su patria en 1983 a reconstruir la esperanza, y lo vuelve a hacer en 1987, cuando el general Jaruzelski se siente más acosado por las presiones internas y la desastrosa situación económica.

En el verano de 1989, Jaruzelski se ve obligado a convocar unas elecciones que se pueden llamar semilibres: el Parlamento contará con diputados elegidos por el pueblo y otros designados por el Partido. En septiembre una noticia insólita estalla en los periódicos. Por primera vez en un país comunista existe un gobierno no comunista, que preside un intelectual de Solidaridad, vencedor en las elecciones.

Lech Walesa, más tarde, llega a Roma con Tadeusz Mazowiecki y le puede decir al Papa:

—Le damos las gracias por haber bendecido nuestra lucha por la libertad.

Un trabajo que llevará muy pronto a Mazowiecki a primer ministro y más tarde a Walesa a presidente de la nación. Polonia es libre.

Esta libertad supone el final del comunismo. Los países satélites sometidos a Moscú, y la misma Rusia —que recobra su nombre—, se van librando del yugo marxista.

El acontecimiento ha quedado fijado en la caída del muro de Berlín, que separaba las dos Alemanias desde 1961. Símbolo de la división ideológica de Europa, representó físicamente el telón de acero, prisión de las víctimas del sistema totalitario. La piqueta comenzó su destrucción el 9 de noviembre de 1989.

Muy poco después, una nueva foto se hace famosa. En la biblioteca privada del romano Pontífice, dos personas hablan a solas. Lo hacen en ruso. Son Juan Pablo II y Mijaíl Gorbachov. Es el 1 de diciembre de 1989.

—Santidad, me siento feliz de encontrarme hoy ante la autoridad moral más grande del mundo y me siento además orgulloso porque es un eslavo.

—Señor presidente, somos dos eslavos a quienes la Divina Providencia ha puesto en el camino para que hagamos un mundo más humano, un mundo de paz.

El 21 de abril de 1990, Juan Pablo II aterriza en Praga. Vaclav Havel le espera al pie del avión.

—Santidad, desconozco si sé lo que es un milagro. A pesar de ello, me atrevo a decir que, en este momento, estoy participando de un milagro: el hombre que hace seis meses era detenido como enemigo del Estado viene hoy a recibir, en calidad de presidente de este Estado, al primer papa que, en toda la historia de la Iglesia católica, pisa esta tierra nuestra.

Juan Pablo II contesta:

—La pretensión de construir un mundo sin Dios e incluso contra Dios se ha revelado ilusoria. Sólo seguía siendo un misterio el momento en que se manifestaría el fracaso de esa pretensión.

La búsqueda de la unidad

Con la caída del comunismo en Europa, comienza el Papa su segunda década de pontificado, la que desemboca en el año 2000. Ha conseguido que Europa respire por sus dos pulmones: Oriente y Occidente. Paralelamente, ha puesto las bases para abrir otras puertas, la de los cristianos separados y la de las religiones no cristianas. Se trata del ecumenismo.

La búsqueda de la unidad le ha llevado a reunirse con ortodoxos, protestantes y anglicanos, las tres grandes divisiones de la Iglesia.

Fue en noviembre de 1979 cuando inició su viaje a Turquía. Una visita triste y desagradable a un país donde un puñado de cristianos se ahoga en un mar musulmán. Un país que la historia hizo enemigo de Europa. Las autoridades le trataron con cortesía protocolaria. Allí no hubo aplausos ni la más mínima acogida popular. Se hablaba, incluso, de la posibilidad de un atentado.

—Santidad, ¿no le dan miedo estos viajes? —le preguntó un periodista, a bordo del avión que volaba hacia Ankara.

—Miedo, no. Estamos todos en las manos de Dios. No soy más que un hermano que viene a visitar a sus otros hermanos. Hay que llegar hasta las raíces de la división. Luego, Dios hará llegar el día...

Y abrazó a los hermanos que le esperaban en Estambul, la antigua Constantinopla, levantada sobre el Bósforo, entre Europa y Asia: al patriarca ortodoxo, Dimitrios I, en su residencia de El Fanar, y al patriarca armenio, Kalustian, en el barrio de Kumpkapi.

Su consuelo, en esta visita, fue Éfeso, la ciudad donde la Virgen vivió con el apóstol Juan y donde, en el año 431, el tercer Concilio ecuménico declaró el dogma de la maternidad divina de la Virgen. En el santuario de Meryam Ana, la casa de María, dijo con tristeza:

—Ella ha engendrado un hijo único. Nosotros, por desgracia, se lo presentamos dividido. Este es un hecho que nos produce malestar y pena.

Al año siguiente, noviembre de 1980, su destino es Alemania, dividida entre católicos y protestantes. Recordando la peregrinación de Lutero a Roma, en 1510, tendió su mano a los hermanos separados:

—Hoy vengo yo a ustedes, a los herederos espirituales de Lutero; vengo como peregrino. Vengo, para dar, en un mundo cambiado, un signo de la unidad en los misterios centrales de nuestra fe.

En la primavera de 1982, el mundo contempla la insólita estampa de un papa de Roma en la catedral de Canterbury, donde anunció su compromiso con el arzobispo Robert Runcie, primado de la comunión anglicana:

—Este compromiso es el de rezar y trabajar por la reconciliación y por la unidad eclesial según la mente y el corazón de nuestro salvador Jesucristo.

En todos sus viajes se ha reunido con los representantes de las distintas confesiones. En una ocasión, un dirigente protestante le dijo en África:

—Sabemos que estamos divididos, pero no sabemos por qué...

El Papa le contestó:

—¿Y no le parece que urge saberlo?

Juan Pablo II ha buscado también el encuentro con las otras religiones, según el deseo del último Concilio. Su visita a Marruecos, en agosto de 1985, fue histórica y marcó el comienzo de un diálogo constructivo y necesario con el Islam. En el estadio Mohamed V, ante ochenta mil jóvenes musulmanes, recordó la incomprensión secular que los separa de los cristianos.

—Yo creo que Dios nos invita hoy a cambiar nuestras viejas costumbres. Dios no puede nunca ser utilizado para nuestros propios fines, pues está por encima de todo.

Y acabó rezando una oración, mezcla del Padrenuestro y el *Fatihat*, el acto de fe de los musulmanes, inicio del Corán.

El trece de abril de 1986, se produce otro acontecimiento inusitado: Juan Pablo II y el rabino Elio Toaff, con quien mantiene una cordial amistad, se abrazan en la sinagoga de Roma. Es la primera vez que un papa visita a la comunidad hebrea en su centro de oración, no lejos de la Basílica de San Pedro, en la otra orilla del Tíber.

Esta actitud de comprensión y de diálogo con judíos y mahometanos movió al jefe musulmán de la ciudad de Lomé, en su visita a Togo, a dirigirse al Papa con entusiasmo:

—Tú eres el Papa no sólo de la Iglesia, sino de todo el mundo.

Al Papa se le reconoce internacionalmente como una atalaya moral y un foco de luz en un mundo con tantas sombras. Quizá el gran momento en que el Papa actuó como líder espiritual fue en Asís, el 27 de octubre de 1986, declarado por la ONU Año Mundial de la Paz.

A su insólita convocatoria de una jornada en la ciudad del humilde juglar de Dios, san Francisco de Asís, la «ciudad sin murallas», al pie de los Apeninos, acudieron ciento cincuenta representantes, hombres y mujeres, de las doce religiones más conocidas —setenta y uno no cristianos, cincuenta y cuatro cristianos y veinticinco obispos del mundo.

Se trataba de estar juntos para orar por la paz en un día de tregua para las armas. Se consiguieron las dos cosas. Durante veinticuatro horas callaron las ametralladoras y los cañones en los cuarenta y tres países en los que ardía la guerra. Y en Asís, por boca de las «gentes de religión», rezó la humanidad entera: los musulmanes leyeron versículos del Corán, los cristianos y judíos pasajes de la Biblia, los pieles rojas fumaron la pipa de la paz...

En su discurso final, dijo el Papa:

—La paz es una responsabilidad universal y se construye a través de pequeños actos de la vida cotidiana.

—¿Cómo ha conseguido la Iglesia en Polonia mantener la fe católica fuerte y vigorosa en medio de tantas dificultades? —le preguntaba el cardenal primado de España, Marcelo González Martín, a su colega polaco, cardenal Wyszynski, un día de noviembre de 1963, en pleno Concilio Vaticano II.

—Gracias a la familia.

Juan Pablo II lo sabe muy bien. Como sacerdote, arzobispo y cardenal ha luchado por la familia en Polonia. Él mismo lo recordó en Czestochowa:

—Debo la vida, la fe, la lengua a una familia polaca. ¡Que la familia no deje jamás de ser fuerte con la fuerza de Dios!

Después lo ha ido recordando en todo el mundo:

—La familia es la única comunidad en la que el hombre es amado por sí mismo, por lo que es, y no por lo que tiene.

En África, donde prolifera la poligamia, su enseñanza fue la misma. ¡Con qué hermosa metáfora representaba la grandeza y las exigencias del matrimonio a la multitud de africanos que le escuchaba junto al monte Kenia!

—Si el matrimonio cristiano es comparable a una montaña muy alta que sitúa a los esposos en la cercanía de Dios, hay que reconocer que la ascensión a esa montaña exige mucho tiempo y mucha fatiga. Pero ¿podría ser ésta una razón para suprimirla o rebajar su altura?

Un corresponsal comunista le comenta:

—Es imposible lo que pide a esta gente.

El Papa responde sonriente:

—Imposible no; muchos lo hacen; pero es que ser cristiano auténtico es difícil. En África y fuera de África...

El Papa ama a la familia. Por eso su voz se eleva firmemente en favor de la vida y en contra del aborto, convertido en un método más para controlar la población a través de lo que él llama la cultura de la muerte. Lo ha dicho miles de veces. Por ejemplo, en los jardines del Capitol Mall de Washington, con voz enérgica y clamorosa:

—Nadie tiene jamás el derecho de destruir la vida antes del nacimiento. Cuando se hable de un niño como de una carga, nosotros intervendremos para insistir en que cada niño es un don de Dios y que tiene derecho a una familia unida en el amor.

De un extremo a otro del globo

Para cambiar el mundo, el Papa cuenta con los jóvenes. El primer día de su pontificado les gritó desde la ventana de su estudio: ¡Vosotros sois mi esperanza! Desde entonces, la juventud es la levadura más vigorosa de las muchedumbres que lo rodean, sus más fieles y entusiastas seguidores:

—Tenemos necesidad del entusiasmo de los jóvenes. Tenemos necesidad de la alegría de vivir que tienen los jóvenes. En ella se refleja algo de la alegría original que Dios tuvo al crear al hombre.

De su juventud intensamente vivida y de su apostolado como sacerdote y obispo de Cracovia, le viene al Papa esa facilidad de comunicación con los jóvenes de todos los continentes:

—Vosotros sois el futuro del mundo y el mañana os pertenece. El Papa quiere a todos, pero siente predilección por los más jóvenes, porque tienen un puesto preferente en el corazón de Cristo.

Sí, el Papa se siente a gusto con los jóvenes y los jóvenes con el Papa. Desde el principio, bromea con ellos, canta con ellos:

—Cantar es una manera de estar juntos, de comunicarse, de saltar por encima de las barreras de los idiomas.

Y bendice sus guitarras. En el Centro Internacional de la Juventud Trabajadora, en el Tiburtino romano, en una cancha de baloncesto, les decía, en febrero de 1984:

—La generación actual ha hecho de la guitarra su mejor aliada para dar testimonio... Porque con este instrumento musical expresáis vuestros sentimientos. Os pido que continuéis con este método de dar testimonio como cristianos e hijos de vuestra época. Debéis ser apóstoles de vuestra generación.

Una escena muy parecida tuvo lugar entre los rascacielos de Manhattan, en el famoso Madison Square Garden, lugar de los grandes acontecimientos deportivos. Los jóvenes norteamericanos le aclamaron insistentemente y le regalaron una guitarra.

—Pocas cosas hablan tanto de nuestros sueños, de nuestra esperanza, como las canciones que acompañamos con la guitarra... —le explicaron.

Juan Pablo II les exige lo esencial:

—Estáis llamados a dar testimonio de vuestra fe a través de una auténtica vida cristiana.

El Papa les exige, siempre con benevolencia, porque quiere para ellos lo mejor. No los engaña:

—¿Acaso el atleta querría a un entrenador que, para hacérselo más fácil, le bajara el listón, impidiéndole batir todo récord?

Su buen humor está presente hasta el final. Al despedirse, les manifiesta su alegría por este encuentro con la gente joven, con *the young people*, dice en inglés, pronunciando mal esta última palabra. De inmediato se corrige, la pronuncia correctamente y bromea:

—¡Es que, chicos, el Espíritu Santo no ha ido al Instituto Berlitz!

En todos sus viajes dedicó este encuentro especial con la juventud. Eran reuniones «nacionales» a las que se sumaban también algunos jóvenes de los países vecinos, que no se cansaban de buscar al Papa, que les abría horizontes en su vida. Por eso, acudían también a Roma. ¡Y qué mejor momento que las vacaciones de Semana Santa! Así nacieron las Jornadas Mundiales de la Juventud, con un ritmo de una cada dos años.

Estas reuniones comenzaron en Roma el Domingo de Ramos de 1983, año jubilar de la Redención, y se repitieron otro Domingo de Ramos, el de 1985, que la ONU declaró Año Internacional de la Juventud.

Y cuando, dos años después, Juan Pablo II celebraba ese primer día de la Semana Santa en Argentina, hasta Buenos Aires llegó la juventud desde todos los continentes, desbordando «la calle más ancha del mundo», la Avenida del 9 de Julio, donde se celebró el encuentro.

Comenzaba así la internacionalización de las Jornadas, que se fueron sucediendo en España, Polonia, Estados Unidos, Filipinas, Francia, Italia... Con razón dijo Juan Pablo II:

—No es verdad que sea el Papa quien lleva a los jóvenes de un extremo a otro del globo terráqueo. Son ellos quienes le llevan a él. Nadie ha inventado las Jornadas Mundiales de la juventud. Fueron ellos quienes las crearon.

Los lugares de encuentro han tenido un significado especial. En agosto de 1989, la juventud fluyó por el Camino de Santiago, el camino de conversión y penitencia de los peregrinos medievales que llegaban hasta Compostela, en el cabo final de Europa, y que tanto contribuyó a su conciencia común.

En las bóvedas románicas de la catedral compostelana aún resuena el solemne mensaje que el Papa dedicó a España en su primer viaje, en 1982:

—Yo, obispo de Roma y pastor de la Iglesia universal, te lanzo, vieja Europa, un grito lleno de amor: vuelve a encontrarte. Sé tú misma. Descubre tus orígenes. Aviva tus raíces. Revive aquellos valores auténticos que hicieron gloriosa tu historia y benéfica tu presencia en los demás continentes.

En el Monte del Gozo, llamado así porque es el lugar donde los peregrinos contemplan por primera vez las torres de la ciudad, los jóvenes celebraron la vigilia con el Papa, cantando y escuchándole. Los muchachos presentaron una coreografía sobre el afán consumista del mundo y sus tentaciones. Juan Pablo II no acababa de entender el estribillo:

—¡Pasta, pasta, pasta!

—¿Acaso querrán macarrones o espaguetis? —pensaba él.

Tuvieron que aclararle el significado popular de la palabra pasta en castellano.

Muy tarde se retiraron a pasar la noche veraniega, en sus sacos de dormir o junto a las hogueras, los quinientos mil concurrentes... Empapados de rocío recibieron bulliciosos la llegada del Santo Padre, que iba a decir la santa misa y que bromeaba complacido:

—Buenos días, jóvenes. Buenos días. Tras la noche fría siempre viene el día. La luz del sol. El sol es Cristo.

En su homilía solicitaba a aquellos jóvenes una nueva evangelización:

—No es suficiente con descubrir a Cristo; hay que llevarlo a los demás. El mundo actual es una gran tierra de misión, incluso en los países de tradición cristiana.

En agosto de 1991, la fiesta es en Polonia. Ha caído ya el muro que separa a Europa. La juventud del Este —rusos, lituanos, ucranianos, checoslovacos, rumanos y búlgaros— se suma al millón y pico de polacos, engrosando el juvenil río impetuoso que desemboca en el santuario de Czestochowa.

—Jóvenes del Este, ¡por fin ha llegado vuestra hora! La Iglesia universal tiene necesidad del tesoro precioso de vuestro testimonio cristiano... El viejo continente cuenta con vosotros para construir la casa común.

En 1993, el lugar elegido no es un santuario, sino una gran ciudad moderna, la metrópolis donde vive el hombre del siglo XX. También en ella se puede encontrar a Cristo. Denver, capital del estado norteamericano de Colorado, puerta de las grandiosas Montañas Rocosas, que la cercan por el Oeste a muy pocos kilómetros, presume de ser la *high mile city,* la ciudad de la milla de altitud (1.600 metros sobre el nivel del mar), que le concede su aire claro, limpio, translúcido, donde el sol quema.

En las laderas del parque de Cherry Creek se celebró la gran fiesta de la vida, un canto a la Creación en el que la música, siempre presente en estos encuentros, llegó a su cenit: actuaron solistas, conjuntos y una orquesta sinfónica.

Sí, la música ha sido imprescindible en las reuniones juveniles con el Papa. La Plaza de San Pedro se ha convertido, en muchas ocasiones, en lugar de auténticos conciertos. Han acudido a ella intérpretes de todas las tendencias, desde representantes de la ópera y el bel canto, hasta el mítico cantante Bob Dylan.

Y un dato curioso: en el tradicional homenaje a la imagen de la Virgen en la romana Plaza de España, se dio una novedad el día de la Inmaculada de 1998. Tras la plegaria de Juan Pablo II, se alzó el canto-oración, rasgado y tembloroso, de una saeta andaluza, en la voz de la sevillana Carmen Cubero. ¡El flamenco en Roma!

Entre esta reunión y la siguiente acaeció la fractura del fémur, en abril de 1994. En noviembre, bromeó en Sicilia con los jóvenes de Siracusa sobre su recién adquirido bastón:

—¿Estáis a favor o en contra del bastón? Algunos dicen que me hace parecer más viejo. Otros dicen que me rejuvenece... ¡Ah, ya veo que estáis a favor del bastón...! Me estoy preparando para ir a Manila con mi bastón. Llegaré allí, y pienso que mi bastón también llegará.

Y el bastón llegó a Manila en enero de 1995. Y también los asiáticos —jóvenes cristianos, malayos, coreanos, vietnamitas, japoneses, australianos, neozelandeses, indios, birmanos...—, que batieron el récord absoluto de asistencia a una reunión con el Papa: cuatro millones de personas —cuatro millones de esperanzas— en la misa final del Rizal Park, el popular Parque de la Luneta. Banderas y pañuelos flameaban en el cálido aire tropical:

—Santo Papa, te queremos.

—Mirad al mundo, como lo hacía Jesús... De vosotros depende el tercer milenio de la Iglesia. Vosotros sois los portadores de su mensaje.

Dos años después, las Jornadas de la Juventud del

primer año se fueron a París, en agosto de 1997. Ese año era el primero del trienio dedicado a preparar el Jubileo del 2000. Estaba dedicado a Jesucristo, así como el de 1998 se dedicó al Espíritu Santo y el de 1999 al Padre, como dejó escrito en su carta apostólica *Tertio millenio adveniente*.

París era una fiesta. Un millón trescientas mil personas —cifra nada esperada en un país occidental y laico— llenaba el hipódromo de Longchamp, y lo rebasaba hacia el horizonte arbolado del Bosque de Bolonia. «Misa mayor de Francia».

La inmensa afluencia de jóvenes hizo decir a Joaquín Navarro-Valls, el portavoz del Vaticano, que se trataba de «un mayo del 68 al revés», aludiendo a la revolución juvenil parisina. «A mi alrededor —comenta un periodista— veo franceses no tan jóvenes como si no se creyeran lo que están viendo. Sonríen de verdad; los malos tiempos han pasado. Ahora parece que no están solos. Que hay mucha más gente que quiere al vicario de Cristo».

Una pancarta levantada entre la multitud, dirigida a un Papa anciano lleno de achaques, resume la gran respuesta de los jóvenes:

—Juan Pablo II, tú eres nuestra juventud.

Y el Papa les recuerda la insaciable búsqueda del hombre:

—El hombre busca a Dios. Y cuanto más larga es su vida, más siente el hombre su propia precariedad, más se plantea la cuestión de la inmortalidad: ¿qué hay más allá de la frontera de la muerte?

Los jóvenes se llevan el recuerdo de los días pasados

con el Papa. De sus palabras y de su buen humor. A los pies del «ciprés de hierro», como llamó un periodista juvenil a la famosa torre parisina, el Papa les dijo:

—Eiffel se hizo famoso por construir una torre en el Campo de Marte, para que sirviese de marco a las Jornadas Mundiales de la Juventud de 1997.

Un joven-viejo y un viejo-joven

La próxima reunión de Juan Pablo II con los jóvenes será ya en las Jornadas de Roma, en el marco del gran Jubileo del 2000. El Papa se siente joven, porque está convencido de que la juventud es fundamentalmente una actitud interior. Así lo dijo en la parroquia romana de Santa Rosa de Viterbo, el 6 de diciembre de 1998:

—Me he reunido con jóvenes de todo el mundo, y también yo soy joven. Os animo a permanecer siempre jóvenes, aunque no sea con las fuerzas físicas, sino del espíritu. No hay que dejarse envejecer. Os lo digo yo, un joven-viejo y un viejo-joven.

Las Jornadas fueron un acto más de los que se celebró en esa fecha redonda que marcó en el calendario cristiano, y ya universal, los veinte siglos de un acontecimiento cósmico: la venida del Verbo de Dios a la Tierra, convertido en criatura humana en el portal de Belén.

Juan Pablo II quiso que la gran oportunidad de conversión y de perdón llegase a todos los hombres. El Jubileo fue universal: se celebró simultáneamente en Tierra Santa, en Roma y en las iglesias locales del mundo entero.

Desde su llegada a la sede de Pedro, conoce la misión que le ha asignado la providencia: hacer entrar a la Iglesia, como un nuevo Moisés, en su tercer milenio de vida. El cardenal Wyszynski se lo dijo cuando se fundieron en el gran abrazo del día de su elección:

—La labor del nuevo Papa será introducir a la Iglesia en el tercer milenio.

De ahí las palabras de su primera homilía, la que pronunció en la Capilla Sixtina, su primera mañana de Papa:

—¿Cómo será nuestro pontificado?, ¿cuál será la suerte que el Señor reserva a su Iglesia en los próximos años?, ¿y qué camino recorrerá la humanidad en este final de siglo que ya se acerca al año 2000? Son preguntas valientes, a las que no se puede responder más que esto: «Dios lo sabe».

Ahora también lo sabemos nosotros. Al llegar 2000 vimos los cambios en el mundo —ha terminado su división en dos bloques antagónicos— y en el propio Juan Pablo II, que dejó de ser —vista desde fuera— la figura atlética y vigorosa de un Papa joven, el «huracán Wojtila», como le llamaba la periodista Paloma Gómez Borrero. En su lugar, apareció el anciano dolorido, que se identificaba cada vez más con Jesucristo crucificado. Su juventud interior, sin embargo, siguió creciendo. Imperturbable, continuaba sus tareas y sus viajes por el globo cosechando sus mejores frutos.

Durante la década de los 90 los problemas de salud se ciernen sobre él. En julio de 1992 ingresa en el policlínico Gemelli para ser operado de un tumor de colon, que resulta ser benigno. En noviembre de 1993 es intervenido de nuevo por una luxación del hombro derecho, que sufre al tropezar en unos escalones durante una audiencia. El 28 de abril de 1994 tiene una nueva caída, esta vez en la bañera, que le fractura el fémur y le lleva a una delicada intervención y a semanas de dolor. Una vez más, en la habitación 1.022 del décimo piso de la policlínica.

—Tienen que reconocer mi fidelidad al Gemelli —les dijo a los médicos.

El Papa no se rinde. La primera vez que se levantó de la cama y empezó a caminar con muletas, dijo al cirujano:

—Profesor Fineschi, tanto usted como yo tenemos una salida: usted me tiene que curar, y yo me tengo que curar, porque en la Iglesia no hay sitio para un Papa dimisionario.

Salía así al paso de las voces minoritarias, pero ampliadas en los medios de comunicación, que sugerían que un Papa enfermo debería dimitir.

El 30 de mayo reapareció en la Plaza de San Pedro para rezar el Ángelus. El Papa sabía lo que le pedía el Señor. Aparecía delgado y cansado, pero su voz era firme y segura:

—Quiero agradecer este don. He comprendido que era un don necesario. Debo llevar a la Iglesia de Cristo al tercer milenio con la oración, pero también con el sufrimiento, con el atentado de hace trece años y con este nuevo sacrificio.

A pesar de su edad, de las secuelas del atentado y de sus múltiples dolencias, continúa cumpliendo un horario muy estricto. Se levanta al amanecer y se lanza a su tarea hasta bien entrada la noche. Y sigue con sus audiencias y viajes. Si alguna vez alguien le dice:

—Santo Padre, está cansado; descanse.

Siempre contesta:

—Tendremos una eternidad para descansar.

Tenía razón André Frossard:

—Hasta ahora, el único medio que se ha descubierto para obligarle a dejar el trabajo es la anestesia total.

Aun así, hace caso a los médicos y, cuando puede, se escapa a la montaña, como en su juventud, pues en las cimas, dice, se encuentra más cerca de Dios.

En los años inmediatos al atentado, parecía que el Papa se reponía. Una foto insólita llamó la atención mundial en julio de 1984. En ella se le veía esquiando en las laderas nevadas del Adamello, que alza su cima de 3.354 metros en los Alpes italianos. Era la primera vez que lo hacía desde que llegó de Polonia para convertirse en obispo de Roma. Le acompañaba en la aventura, como antes en el quirófano, el presidente italiano. Desde sus 87 años, Sandro Pertini contemplaba con humor sus evoluciones sobre la nieve, abrigado en el refugio de la familia Zani.

Después, en el comedor familiar, almuerzan juntos. El Papa brinda con aguardiente local:

—Ésta es una cosa sin precedentes entre un presidente italiano y un pontífice en los anales de la Santa Sede. Alguno hablará de escándalo, pero no hay escándalo cuando nos mueve una amistad verdadera y un auténtico sentimiento humano.

Pertini responde, conmovido:

—Santidad, su amistad me conforta y me ayuda, y me da serenidad en mi trabajo.

Pronto vuelven las dolencias. Se le diagnostica la enfermedad de Parkinson. Cuando regrese a los Alpes, lo hará sólo para descansar, paseando, leyendo, estudiando, rezando.

En su última estancia montañesa, en invierno de 1998, en los Alpes Dolomitas, en la región de Lorenzago di Cadore se encontró en un paseo con Constantino Colle, un antiguo monitor de esquí, ahora de 61 años.

—Santo Padre, ¿va a esquiar?

—¡Qué más quisiera yo que poder esquiar!

Ahora le cuesta trabajo hasta subir al estrado de la sala de audiencias. Una vez que lo hizo con dificultad, bromeó sobre sí mismo:

—Un Papa deficiente, pero no decaído.

Un día le preguntó a su jefe de prensa, Joaquín Navarro-Valls:

—¿Cómo me encuentra la gente a través de los medios de comunicación?

—Santo Padre, ven que cojea, que le tiembla la mano, que...

Juan Pablo II le interrumpe:

—Señor Navarro, no hay que dar ninguna importancia a esa imagen. Ha llegado el momento del holocausto, y hay que llegar hasta el final.

Y hacia el final avanza contra viento y marea. En 1997 realiza dos visitas testimoniales a dos ciudades mártires, Beirut y Sarajevo, donde los peligros de un atentado son más que posibles. Beirut, en el Líbano, representa los males del conflicto interminable del Oriente Medio entre israelíes y palestinos. Sarajevo es el «símbolo atormentado» de nuestro siglo XX. Es el lugar del desgarro de las tierras y las gentes de Bosnia-Herzegovina, en la antigua Yugoslavia, donde la violencia y el horror han dado un nombre sarcástico a una calle: «avenida de los francotiradores». Allí disparaban a las personas que estaban en colas esperando el pan o el agua. No es casualidad que Sarajevo sea la ciudad en la que saltó la chispa que dio origen a la Primera Guerra Mundial[5].

En la ciudad balcánica, Juan Pablo II dio una nueva lección de fortaleza y de valor. La víspera de su llegada, se desactivaron veintitrés bombas bajo un puente, pocas horas antes de que el pontífice pasara por él. Se informó al Papa y se celebró una misa multitudinaria en el estadio de Kosevo. Nevaba intensamente. Juan Pablo II aguantó los persistentes copos durante las cerca de tres horas que duró la emotiva ceremonia:

—Es necesario pedir perdón y perdonar para que la tragedia de la guerra no vuelva a repetirse.

Una semana después celebra sus 77 años con los niños de la catequesis de una parroquia romana.

—Oye, Papa, yo, cuando cumplo años, tengo que hacer un propósito. ¿Tú qué propósito haces? —dice uno ingenuamente.

—Pues, como tú, que voy a ser más bueno... —responde.

Los niños le cantan la vieja tonada polaca de cumpleaños, el *Sto lat* («Que vivas cien años»). El Papa ríe:

—¡Pues, entonces, todavía me faltan veintitrés...!

Es el mismo humor y naturalidad con los que respondió a una anciana en otra parroquia de Roma:

—Santo Padre, ¿existe una perspectiva todavía para quien llega a los 80 años?

—Claro: la vida eterna.

---

5. El 28 de junio de 1914, allí fue asesinado, junto con su esposa, el archiduque Francisco Fernando, sobrino del emperador Francisco José y heredero de la corona del Imperio austro-húngaro

El último bastión

En el camino hacia el año 2000, llega el penúltimo escalón, el año 1998, en el que Juan Pablo II cumplirá los veinte años de pontificado. Está cansado y agotado por la edad. Sin embargo, programa tres viajes comprometidos: Cuba, Austria y Croacia. Cuba es el único país de América que se le resiste. En el resto del mundo quedan Rusia, China e Israel, que acabará visitando en el año jubilar.

El miércoles 21 de enero, el mundo contempla una insólita imagen que estremece al siglo XX. El vicario de Cristo, el debelador del muro de Berlín, que amurallaba al comunismo, y Fidel Castro, el dictador del último bastión marxista, vestido para la ocasión con traje oscuro —abandonando su tradicional uniforme militar verde olivo, sin el cual nadie le había visto en la isla—, se saludan, se estrechan la mano, emocionados, en el aeropuerto de La Habana.

Juntos en el estrado, y llegado el momento de las salutaciones, el Papa deja el lema que trae para este viaje:

—Que Cuba se abra con todas sus magníficas posibilidades al mundo y que el mundo se abra a Cuba, para que este pueblo, que, como todo hombre y nación busca la verdad, que trabaja por salir adelante, que anhela la concordia y la paz, pueda mirar al futuro con esperanza.

Cuando Juan Pablo II tomó el «papamóvil», llevado expresamente de Canadá para recorrer La Habana, iniciaba una inmersión de cinco días en la isla —tan antiguamente evangelizada— entre el oleaje de una multitud que iba creciendo a medida que perdía su timidez y ardía en entusiasmo ante lo que veían sus ojos: el Papa de Roma visitando sus ciudades y volcado en amor por ellos. La agenda era apretada: muchos actos y cada día una misa en las principales ciudades cubanas: Santa Clara, Camagüey, Santiago de Cuba —donde coronó a la patrona, la imagen venerada de la Virgen de la Caridad del Cobre—, hasta culminar el domingo en La Habana. En todas ellas se fundía el fervor popular con el rigor litúrgico y la hermosa música de fondo, que mezclaba el sentimiento religioso con el aire caribeño y cubano. Y en todo lugar el Papa hablaba con claridad, muy especialmente a los jóvenes:

—De corazón me dirijo a ustedes, queridos jóvenes cubanos, esperanza de la Iglesia y de la patria, presentándoles a Cristo, para que le reconozcan y le sigan con total decisión.

El Papa les habló directamente al corazón, invitándoles a que no se dejaran vencer por el mal y a que llevaran una vida limpia, para lo cual el único camino es Jesús.

El domingo 25 surge otra gran foto para la historia. Cerca de un millón de personas llenan la Plaza de la Revolución de La Habana, escenario de los grandes acontecimientos castristas en el que destaca un gran retrato mural del Che Guevara y, para la ocasión, una gran efigie del Sagrado Corazón de Jesús, que preside la misa. Fidel Castro, en primera fila, junto al Nobel de Literatura, el colombiano

Gabriel García Márquez, es testigo de excepción de los gritos populares de «¡Libertad, libertad!», que surgen cuando el Papa condena tanto el neoliberalismo capitalista como el comunismo. Sus palabras son interrumpidas frecuentemente con aplausos, lo que despierta el humor del Papa:

—Yo no soy contrario a los aplausos, porque cuando aplauden, el Papa puede reposar un poco.

La mañana estaba gris, el sol no hacía sufrir a la multitud, pero el viento se hacía sentir. Al final de su homilía, el Papa lo aprovechó:

—Este viento de hoy es muy significativo, porque el viento simboliza al Espíritu Santo. *Spiritus spirat ubi vult. Spiritus vult spirare in Cuba.* Últimas palabras en lengua latina, porque Cuba es también de la tradición latina.

El Papa recordaba así que el Espíritu Santo sopla donde quiere y que en ese momento lo hacía en Cuba.

Un aniversario en plena marcha

El 16 de octubre de 1998 se cumple el vigésimo aniversario de su elección. La víspera, la televisión italiana le dedica un programa especial, con la intervención de prestigiosos invitados, entre ellos, el rey de España. De pronto, le llega al presentador una llamada telefónica:

—Muchas gracias por todo cuanto están diciendo de mí.

Es el mismo Juan Pablo II quien ha llamado personalmente.

A la misma hora de la fumata blanca, la Plaza de San Pedro está llena de fieles, entre los que se encuentran veinte mil polacos, con sus autoridades nacionales. También las de Italia, con el presidente de la República a la cabeza. El aire se estremece de aplausos, vítores y canciones. Una vez más, escucha la versión polaca del cumpleaños feliz, el *Sto lat* («Que vivas cien años»). El Papa está emocionado:

—Hoy miro los años de mi ministerio en la sede romana y agradezco a Dios haberme dado la gracia de anunciar la buena nueva de la salvación a muchos pueblos y a muchas naciones de todos los continentes, incluidos también mis compatriotas en tierra polaca. ¡Polonia, patria mía!, donde estoy profundamente enraizado con mi corazón y mi vocación.

Dos días después, en la mañana del domingo, se celebra la misa de acción de gracias. Con el cabello blanco moviéndose al viento y los ojos llenos de lágrimas, Juan Pablo II contempla a la multitud que lo rodea:

—Después de veinte años de servicio en la sede de Pedro, no puedo hoy dejar de preguntarme: ¿Has mantenido el ministerio apostólico?

La mano le tiembla. Su cansancio y su debilidad son una respuesta que casi no advierte. Se ha gastado en la misión. Ha permanecido hospitalizado ciento dieciséis días, pero no ha dejado de trabajar. Su voz vuelve a resonar:

—¿Has sido maestro diligente y vigilante de la fe de la Iglesia?

Ese mismo año, además de Cuba, ha visitado Nigeria, Croacia, donde ha beatificado al cardenal Stepinac —héroe de la Iglesia yugoslava en los tiempos del marxismo—, y Austria, en la que aprovecha su visita a un hospital de Cáritas de enfermos terminales para pronunciar estas palabras:

—Tanto la prolongación artificial de la vida humana como la aceleración de la muerte esconden un mismo presupuesto: la convicción de que la vida y la muerte son una realidad confiada a la libre disponibilidad humana...

El Papa termina su examen con confianza:

—¡La oración de la Iglesia tiene un gran poder! Rezad para que pueda cumplir hasta el final la tarea que Dios me ha encomendado.

Con este apoyo, empieza pronto su apostolado en 1999. En los primeros días del año se encuentra en México, en la Basílica de Guadalupe. Rodeado de miles de fieles, celebra la santa misa con los obispos de las naciones americanas y presenta su exhortación apostólica *Ecclesia in America,* que recoge las conclusiones sobre los problemas que aquejan al continente de la esperanza. Es su cuarta visita a México, y dos o tres millones de personas han salido a las calles para ver pasar el «papamóvil».

Deseaba que lo que hablaba en México resonara en todo el continente americano:

—Ha llegado el momento de erradicar del continente, de una vez por todas, todo ataque contra la vida. ¡Basta la violencia, el terrorismo y el tráfico de drogas! ¡Basta la tortura y las formas de abuso! ¡Debe haber un final al recurso innecesario a la pena capital! ¡Basta la explotación del débil, la discriminación racial y los guetos de la pobreza! ¡Nunca más! Se trata de males intolerables que gritan contra el cielo y llaman a los cristianos a un estilo de vida diferente, a un compromiso social más profundo con la fe.

Hubo momentos emotivos en su visita a los enfermos de un hospital:

—¿Por qué sufrimos? ¿Para qué sufrimos? ¿Tiene algún significado que las personas sufran? (...) El dolor es un misterio, muchas veces inescrutable para la razón. Forma parte del misterio de la persona humana, que sólo se esclarece en Jesucristo...

Siguiendo el viaje, voló a San Luis, a orillas del Mississippi, donde fue recibido, a pie de avión, por el presidente Clinton, que alabó «sus esfuerzos por la paz, su compasión por los más necesitados, con una energía física sin fronteras, que sólo puede alimentarse con su fe sin límites». En sus palabras, el Papa condenó la «cultura de la muerte», la guerra y el aborto, y calificó la pena capital como «cruel e inútil».

Todavía ese año realizó cinco viajes, uno muy rápido a Rumanía, donde celebró una misa con el patriarca ortodoxo rumano Teoctist, sellando la reconciliación de ambas Iglesias y pidiendo por la paz en Yugoslavia, en plena guerra de los Balcanes. Otro viaje más largo, en junio, fue su séptima visita a Polonia, casi a manera de despedida: durante trece días recorrió diecinueve ciudades. En septiembre realizó una breve estancia en Eslovenia para la beatificación del obispo Anton Martin Slomsek. En noviembre viajó a la India, donde visitó el mausoleo de Mahatma Gandhi y depositó en la catedral de Nueva Delhi la exhortación apostólica *Ecclesia in Asia*, resumen del sínodo continental celebrado en Roma. A su regreso, hizo escala en Georgia, donde celebró una misa en este país de la antigua URSS, pasando del calor del trópico al frío invernal del Cáucaso, lo que le hizo decir, al llegar al Vaticano muy fatigado:

—Gracias a Dios, regreso a Roma.

El gran Jubileo: un año de emociones

A Juan Pablo II le ha correspondido el privilegio histórico de asistir al segundo cambio de milenio en la vida de la Iglesia. Llega a esta tarea muy cansado y debilitado, pero no viejo. *Sólo es viejo quien se queda sin proyectos* —dice—, y él tiene ante sí un solemne año jubilar de gracia y perdón para los fieles. El Papa lo aprovecha también para pedir perdón él mismo, solemnemente, en la Basílica de San Pedro, por los pecados de tantos cristianos en los años pasados de su historia.

En marzo del año 2000 cumple su gran sueño de peregrinar a Tierra Santa. Así llega al Monte Sinaí y al Monte Nebo, ligados a Moisés, uno en Egipto y otro en Jordania. Luego visita Belén y Nazaret, Cafarnaún, Jericó, el Cenáculo y el Gólgota, siguiendo las huellas de Jesús en Palestina e Israel. En Jerusalén se reúne con los líderes religiosos judíos y musulmanes, y reza ante el Muro de las Lamentaciones, donde coloca el *fituch* —papel con plegaria— en el que pide perdón a Dios por el comportamiento de los católicos frente a los judíos durante siglos.

El 2000 es también un año de peregrinaciones a Roma y de multitudinarios encuentros con Juan Pablo II: desde artistas a profesores universitarios, obispos, presbíteros y personas de vida consagrada, políticos y periodistas, militares y deportistas... Según el Centro Italiano de Estadística, el número total de peregrinos a la Ciudad Eterna en el año 2000 ha sido de 32 millones, pertenecientes a casi todas las naciones de la Tierra, muchos de los cuales han podido participar en algunos de los actos celebrados en el año jubilar con la presencia del Papa.

En su carta apostólica *Al comienzo del nuevo milenio*, escribe:

> Y, ¿cómo no recordar especialmente el alegre y entusiasta encuentro de los jóvenes? Si hay una imagen del Jubileo del año 2000 que quedará viva en el recuerdo más que las otras, es seguramente la de la multitud de jóvenes con los cuales he podido establecer una especie de diálogo privilegiado, basado en una recíproca simpatía y un profundo entendimiento. Fue así desde la bienvenida que les di en la Plaza de San Juan de Letrán y en la Plaza de San Pedro... Roma se hizo «joven con los jóvenes». No será posible olvidar la celebración eucarística de Tor Vergata. Por eso, vibrando con su entusiasmo, no dudé en pedirles una opción radical de fe y de vida, señalándoles una tarea estupenda: la de hacerse «centinelas de la mañana» en esta aurora del nuevo milenio.

Otro de los actos emotivos del año jubilar es la conmemoración de *Los testigos de la fe del siglo XX*, celebrada en el Coliseo romano el 7 de mayo. El Papa, acompañado por representantes ortodoxos, protestantes y anglicanos, rinde homenaje a los tres millones de personas que, según los expertos, fueron asesinadas por su fe en los últimos cien años: víctimas del comunismo, del fascismo y el nazismo, y de las persecuciones de España, México y Rusia.

Una semana tenía el Papa una cita en Fátima, para la beatificación de los pastorcillos Francisco y Jacinta, un 13 de mayo. Esa mañana un sol brillante amaneció sobre Cova de Iría, llena de una enfervorizada y abigarrada multitud que sobrepasaba el millón de personas, procedentes de todas las latitudes.

Juan Pablo II entró en el amplio recinto en su pequeño vehículo acristalado, desde el que saludaba y bendecía a los peregrinos expectantes. En la sacristía de la basílica, sor Lucía, la vidente de Fátima, ya con 93 años, y el pontífice se encontraron y conversaron con afecto durante diez minutos, sentados en unos sillones uno junto al otro. Luego, Lucía, ayudada de su bastón, se marchó lentamente hacia la tribuna del altar. Con la priora del Carmelo de Coimbra y su médico se sentaron detrás de los obispos, muy cerca del sillón que iba a ocupar el Santo Padre.

En el momento en que el Papa declaró beatos a Francisco y Jacinta, se descorrieron las banderas portuguesa y vaticana en el segundo cuerpo de la torre de la basílica, dejando al descubierto los retratos de los dos pastorcillos elevados a los altares.

Juan Pablo II comenzó su homilía con unas palabras de Jesús en el evangelio de san Mateo:

—Yo te alabo, Padre, Señor del Cielo y de la Tierra, porque ocultaste estas cosas a los sabios y prudentes, y las revelaste a los más pequeños.

—Por designio divino —continuó diciendo— vino del Cielo a esta tierra, en busca de los pequeñuelos privilegiados del Padre, una mujer vestida de sol... Fue entonces cuando de sus manos maternas salió una luz que los penetró íntimamente, haciéndolos sentirse inmersos en Dios.

Juan Pablo II habló de la transformación de los niños: Francisco vive movido por un único deseo, tan expresivo del modo de pensar de los chiquillos: consolar y dar alegrías a Jesús. Y Jacinta quedó tan impresionada por la visión del infierno, que ninguna mortificación o penitencia le parecía demasiado para salvar a los pecadores.

Todo parecía haber terminado, cuando los enfermos presentes fueron bendecidos con el Santísimo Sacramento expuesto en la custodia... Pero Juan Pablo II seguía sentado en su sillón. ¡Una gran sorpresa aguardaba a los peregrinos en esa mañana luminosa de Fátima!

El cardenal Secretario de Estado, Angelo Sodano, se acercó al micrófono... Comenzó felicitando a Juan Pablo II en nombre de todos los presentes por su próximo octogésimo cumpleaños, que se celebraría el 18 de mayo. Recordó que el Santo Padre había acudido a Fátima para beatificar a los dos pastorcillos, pero también para renovar su gratitud hacia la Virgen por la protección que le había dispensado en su pontificado:

—Es una protección que parece que guarde relación también con la «tercera parte» del secreto de Fátima...

¡El secreto de Fátima! ¡Tan bien guardado desde el 13 de julio de 1917! La gran sorpresa ha estallado. ¡El secreto tiene que ver con el Papa! Pero el cardenal sigue hablando:

—Este texto es una visión profética comparable a la de la Sagrada Escritura, que no describe con sentido fotográfico los detalles de los acontecimientos futuros, sino que sintetiza y condensa sobre un mismo fondo hechos que se prolongan en el tiempo en una sucesión y con una duración no precisadas. Por tanto, la lectura del texto ha de ser simbólica...

Y continúa diciendo:

—Según la interpretación de los pastorcillos, interpretación confirmada recientemente por sor Lucía, el «obispo vestido de blanco» que ora por todos los fieles es el Papa. También él, caminando con fatiga hacia la cruz entre los cadáveres de los martirizados (obispos, sacerdotes, religiosos, religiosas y numerosos laicos), cae a tierra como muerto, bajo los disparos de un arma de fuego. Después del atentado del 13 de mayo de 1981, a Su Santidad le pareció claro que había sido «una mano materna quien guió la trayectoria de la bala», permitiendo al «Papa agonizante» que se detuviera «a las puertas de la muerte».

Se refirió también el cardenal Sodano a los acontecimientos de 1989 que condujeron, en la Unión Soviética y en numerosos países del Este, a la caída del régimen comunista «que propugnaba el ateísmo». Un hecho, sin embargo, que no ha impedido que en otras partes del mundo sigan los ataques contra la Iglesia y los cristianos y, aunque la tercera parte del secreto ya pertenece al pasado, la intervención de la Virgen sigue vigente.

En silla de ruedas

El Papa acabó el año jubilar con mucho cansancio, y su deterioro físico seguía ocupando las páginas de los medios informativos, porque ahora tenía que servirse de una silla de ruedas o de plataformas deslizantes... Pero él seguía su vida con enorme entrega y olvido de sí mismo, por el rumbo marcado en su nueva carta *Novo millennio ineunte* —«Al comienzo del nuevo milenio»—: búsqueda de la verdad, pedagogía de la oración, unidad de la Iglesia y ecumenismo.

Para ello, nada mejor que seguir las huellas de san Pablo por los caminos de Grecia, Siria y la isla de Malta. Comenzó, en mayo, por Atenas, donde encontró la oposición de ciertos sectores ortodoxos, a causa del aún en vigor Cisma de Oriente, iniciado en 1054. En Damasco, a cuyas puertas se convirtió Pablo de Tarso, fue el primer Papa que visitó una mezquita, la gran mezquita de los Omeyas. Tuvo una buena acogida por parte del Gran Muftí y de la comunidad musulmana, a la que agradeció que le hubiesen permitido derribar la muralla entre Cristianismo e Islam.

En septiembre viajó a Kazajstán, a pesar de que el 11 de ese mismo mes había sucedido el terrible atentado a las Torres Gemelas de Nueva York. Allí quiso dejar clara la diferencia entre el Islam auténtico, el que reza, y el que profana el nombre de Dios para justificar la barbarie.

En junio anterior estuvo en Ucrania. En una gran misa en el Hipódromo de Kiev pidió:

—No os paséis de la esclavitud del régimen comunista a la del consumismo, que es otra forma de materialismo, el cual, aunque no reniegue de la palabra de Dios, la excluye con los hechos.

Juan Pablo II entró en el 2002 encorvado y cansado, rodeado de los comentarios de su posible dimisión y, a la vez, del anuncio de grandes viajes: Azerbaiyán y Bulgaria, en mayo; Toronto (Canadá), Ciudad de Guatemala, Ciudad de México y Polonia, en agosto..., además de ceremonias de canonización.

Era evidente que la salud del Papa empeoraba. El dolor de rodilla por la artrosis era tan notorio que no pudo celebrar las ceremonias litúrgicas de Semana Santa y apenas le fue posible mantener la cruz en alto, apoyado en una barandilla, en el Vía Crucis del Coliseo. Y su voz se hacía particularmente difícil de entender. Ante la continua petición de por qué no se tomaba el merecido descanso de la jubilación, respondió:

—Porque Jesucristo tampoco se bajó de la cruz. Podría haberlo hecho y habernos redimido de otro modo, pero no lo hizo.

En octubre de 2002 canonizó en Roma a un santo español, Josemaría Escrivá, fundador del Opus Dei, acto que congregó a una multitud de trescientas mil personas, un mosaico de hombres y mujeres de todas las profesiones y razas, entregadas a buscar la santificación en medio del mundo. Y en mayo del 2003 canonizó a otros cinco santos españoles, en esta ocasión, religiosos del siglo XX: sor Ángela de la Cruz, la madre Maravillas de Jesús, Pedro Poveda, José María Rubio y sor Genoveva Torres. Los canonizó en Madrid, en su quinta visita a España, en una ceremonia eucarística que congregó a un millón de personas en la Plaza de Colón.

Juan Pablo II recordó que sus obras no se debían a sus fuerzas o a la sabiduría humana, sino a la acción misteriosa del Espíritu Santo, que había suscitado en ellos una adhesión inquebrantable a Cristo crucificado y resucitado, y al propósito de imitarlo:

—Queridos fieles católicos de España: ¡Dejaos interpelar por estos maravillosos ejemplos!

A su llegada recordó su clamor en Santiago de Compostela al finalizar su primer viaje apostólico en noviembre de 1982:

—Desde allí exhortaba a Europa con un grito lleno de amor, recordándole sus ricas y fecundas raíces cristianas: «¡Europa, vuelve a encontrarte. Sé tú misma. Aviva tus raíces!». Estoy seguro de que España aportará el rico legado en unos criterios y principios en los que prevalezca el bien integral de sus ciudadanos.

En la tarde anterior, el Papa pudo reunirse con los jóvenes españoles, unos setecientos mil, que abarrotaban el aeródromo de Cuatro Vientos:

—Os saludo y os repito las mismas palabras que dirigí a los jóvenes en el estadio Santiago Bernabéu, durante mi primera visita a España, hace ya más de veinte años: «Vosotros sois la esperanza de la Iglesia y de la sociedad. Sigo creyendo en los jóvenes, en vosotros».

Les hizo una llamada al apostolado:

—Queridos jóvenes, ¡id con confianza al encuentro de Jesús! Y, como los nuevos santos, ¡no tengáis miedo de hablar de él! Pues Cristo es la respuesta verdadera a todas las preguntas sobre el hombre y su destino. Es preciso que vosotros, jóvenes, os convirtáis en apóstoles de vuestros coetáneos. Sé muy bien que esto no es fácil. (...) No os desaniméis, porque no estáis solos: el Señor nunca dejará de acompañaros, con su gracia y el don de su espíritu.

Desde la escalerilla del avión que lo llevaría de vuelta a Roma, dijo:

—¡Os llevo a todos en el corazón! ¡Hasta siempre, España! ¡Hasta siempre, tierra de María!

A Roma no iba el Papa a descansar, sino a seguir con su agotadora tarea. En lo que quedaba de año, voló a Bosnia-Herzegovina, Croacia y Eslovaquia. Cumplía lo que había dejado escrito en la *Carta a los ancianos*:

—A pesar de las limitaciones que me han sobrevenido con la edad, conservo el gusto por la vida. Doy gracias al Señor por ella. Es hermoso poderse gastar hasta el final por la causa del reino de Dios.

En marzo, el Papa, tan sensible al terrorismo, se sintió conmovido por el horrible atentado contra los trenes de cercanías de Madrid, que dejaron 192 muertos, y expresó su firme y absoluta reprobación a tales actos.

Después de nueve meses sin salir de Italia, el Papa se esforzó en cumplir con su programa de viajes. Suiza en junio y, en agosto, Lourdes, donde, con esfuerzo inusitado pudo arrodillarse en la gruta, ya un enfermo entre los enfermos:

—Al arrodillarme ante la gruta de Massabielle siento con emoción que he llegado a la meta de mi peregrinación.

Pocos días después, en Loreto, proclamaba beato al sacerdote y médico catalán Pere Tarrés y a dos italianos miembros de Acción Católica.

En octubre, ya en Roma, beatificaba a un monarca y a una mística: a Carlos I de Austria, el último emperador de los Habsburgo, fallecido en el exilio en 1922, como ejemplo de virtudes en el ejercicio de la política para los jefes de estado y gobierno, y a la alemana Anna Catherine Emmerik, autora de los textos que inspiraron a Mel Gibson la película *La Pasión*.

A pesar de su estado de salud, no dejó de hacer proyectos en ningún momento, como la convocatoria de las Jornadas Mundiales de la Juventud del 2005, a las que exhortaba desde Roma:

—Queridísimos jóvenes: encaminados idealmente hacia Colonia, el Papa os acompaña con su oración. Que María, mujer eucarística y madre de la sabiduría, os ayude en vuestro caminar, ilumine vuestras decisiones y os enseñe a amar lo que es verdadero, bueno y bello. Que ella os conduzca a su hijo, el único que puede satisfacer las esperanzas a las llamadas más íntimas de la inteligencia y del corazón del hombre...

El sábado 16 de octubre se cumplían 26 años de su pontificado, el tercero de la historia, tras San Pedro (34 años) y Pío IX (31 años, 7 meses y 21 días).

Dijo al numeroso grupo de peregrinos congregados en la Plaza de San Pedro:

—Gracias por vuestras felicitaciones y oraciones. Ruego al Señor para que conforte a cada uno con la abundancia de sus dones por mediación de su santísima madre. Pedid por mí una bendición sobre el trabajo que me quede en el futuro...

El último viaje

El futuro está en las manos de Dios y él vive su presente con extrema naturalidad. Y así, con su paso cansino y esforzado al mismo tiempo, penetra en el 2005. Lleva ya 84 años a cuestas, el invierno es duro y sufre un enfriamiento, que, a final de mes, es gripe declarada. La noche del 1 de febrero sufre un súbito agravamiento de la gripe que le dificulta la respiración y es hospitalizado de urgencia en el policlínico Gemelli.

La mejora del Papa le devuelve al Vaticano pocos días después... Una nueva crisis respiratoria le obliga a regresar al Gemelli el jueves 24 de febrero, donde es sometido a una traqueotomía indispensable para proteger las vías respiratorias. Imposibilitado de hablar, escribe estas palabras a la Virgen: Sigo siendo *totus tuus*.

El domingo 27 de febrero hay muchos fieles en San Pedro y ante el policlínico Gemelli. Juan Pablo II aparece en la ventana de la clínica durante el Ángelus que monseñor Sandri reza en San Pedro. El Papa bendice y el arzobispo lee las palabras que el Papa ha escrito de su propia mano:

—Que continuéis acompañándome, sobre todo, con vuestras plegarias... Tan sólo mirando a Cristo logramos comprender cómo el dolor contiene en sí mismo una promesa divina de salvación y de alegría.

El domingo 13 de marzo, Juan Pablo II pronuncia sus primeras palabras en público desde la operación. Y ha vuelto al Vaticano por la tarde en un coche monovolumen, sentado al lado del conductor, y no en el «papamóvil».

El miércoles 30 de marzo el estado de salud del Santo Padre se agrava repentinamente. Esta vez no lo llevan al Gemelli. El Papa no quiere salir del Vaticano. La Plaza de San Pedro está llena de gente, que no deja de mirar a las ventanas de su apartamento. No puede hablar, pero escribe cuando se le dice que la mayoría de los congregados son jóvenes.

—Os he buscado; ahora vosotros venís a mí. Os doy las gracias...

El 1 de abril comenzó la última crisis. Sabiendo que era viernes, pidió que le leyesen las estaciones del Vía Crucis en voz alta. El 2 de abril fue una jornada serena, acompañado en su habitación del grupo de personas más allegadas y rodeado de los fieles, que no lo abandonaron en su lenta agonía, manteniéndose en vigilia en la Plaza de San Pedro del Vaticano hasta la última noche. Quienes secundaron la vigilia fueron, en su mayoría, los conocidos popularmente como *Papa boys*, «los chicos del Papa», los grupos de jóvenes que tradicionalmente han seguido a Juan Pablo II en las emotivas Jornadas Mundiales de la Juventud.

El 2 de abril era sábado, víspera del segundo domingo de Pascua —dedicado por él a la Divina Misericordia cuando el 30 abril del 2000 canonizó a su paisana Santa Faustina Kovalska, a quien el Corazón de Jesús se apareció privadamente—. Oyó la santa misa y a las 9:37 de la noche murió serenamente. Su secretario, don Estanislao Dziwisz, rezó, en lugar de un responso, un *Te Deum*, la oración oficial de alabanza de la Iglesia.

En esos momentos, la ventana de su habitación, en el tercer piso del palacio apostólico, se encendió, como una señal convenida para que los cardenales que se encontraban en la Plaza de San Pedro leyendo el breviario, comunicasen la noticia a las más de sesenta mil personas que se habían congregado allí para pasar con el Pontífice sus últimas horas. La noticia del fallecimiento fue acogida con un intenso aplauso y un repicar de las campanas de la basílica, que pareció convocar al mundo entero ante la capilla ardiente de Juan Pablo II.

El hecho es que un tsunami de gentes desembocó en San Pedro, por todas las calles adyacentes, hasta unirse al gran ramal en el que esperaban, horas y horas, antes de poder despedirse del querido pontífice. Acudían de países de todos los continentes y el oleaje no paró hasta la celebración de las exequias, el mayor funeral de la historia que ha sido auténticamente global y católico, con los representantes de todos los estados y todas las religiones.

En las grutas vaticanas, en la tierra desnuda, metido dentro de un ataúd de sencilla y humilde madera de ciprés, descansan los restos de Juan Pablo II. Pero él ya no estaba allí, como dijo en la misa de iniciación de su ministerio su sucesor, Benedicto XVI:

—Él cruzó el umbral de la otra vida, entrando en el misterio de Dios. Pero no dio este paso en solitario. Quien cree nunca está solo, no lo está en la vida ni tampoco en la muerte. En aquellos momentos hemos podido invocar a los santos de todos los siglos, sus amigos, sus hermanos en la fe, sabiendo que serían el cortejo viviente que lo acompañaría en el más allá, hasta la gloria de Dios. Nosotros sabíamos que allí se esperaba su llegada. Ahora sabemos que él está entre los suyos y se encuentra realmente en su casa.

ÍNDICE

Colección biografía joven

1. **Pasión por la verdad** (San Agustín)
   Autor: Miguel Ángel Cárceles

2. **El joven que llegó a Papa** (Juan Pablo II)
   Autor: Miguel Álvarez

4. **La madre de los más pobres** (Teresa de Calcuta)
   Autora: María Fernández de Córdova

5. **La descubridora del radio** (María Curie)
   Autora: Mercedes Gordon

6. **Un genio de la pintura** (Velázquez)
   Autora: Mercedes Gordon

7. **Camino de Auschwitz** (Edith Stein)
   Autora: María Mercedes Álvarez

8. **La formación de un imperio** (Carlos V)
   Autor: Godofredo Garabito

9. **Los pastorcillos de Fátima** (Lucia, Francisco y Jacinta)
   Autor: Miguel Álvarez

10. **Un arquitecto genial** (Antoni Gaudí)
    Autor: Josep Maria Tarragona

11. **Un corazón libre** (Martin Luther King)
    Autor: José Luis Roig y Carlota Coronado

12. **Una vida para la música** (Johann Sebastian Bach)
    Autora: Conchita García Moyano

13. **El hijo del trueno** (San Juan de Betsaida)
    Autor: Miguel Ángel Cárceles

14. **Siempre madre** (Santa Juana de Lestonnac)
    Autora: M.ª Teresa Rados, O. N. S.

15. **El mago de las palabras** (J. R. R. Tolkien)
Autor: Eduardo Segura

16. **La aventura de ser santo** (San Josemaría Escrivá de Balaguer)
Autor: Miguel Ángel Cárceles

17. **Canciller de Inglaterra** (Sir Tomás Moro)
Autor: Francisco Troya

18. **La luz en los dedos** (Luis Braille)
Autor: Miguel Álvarez

19. **Una pequeña revolución** (Santa María Rosa Molas)
Autora: M.ª Teresa Rosillo

20. **Por tierras y mares «de esperar en Dios»** (San Francisco Javier)
Autor: Máximo Pérez Rodríguez, S. J.

21. **Una historia de lucha y amor** (Santa Teresa de Jesús)
Autora: Amparo Boquera

22. **El insigne hidalgo** (Miguel de Cervantes)
Autor: Francisco Troya

23. **Encuentros con el amor** (Bernadette Soubirous)
Autora: María Mercedes Álvarez

24. **Audacia y convicción** (Pablo de Tarso)
Autor: Jesús Ballaz

25. **El santo de los niños** (José de Calasanz)
Autor: Miguel Álvarez

26. **Veni, vidi, vici** (Julio César)
Autor: Lluís Prats

27. **¡Viva la libertad!** (Sophie Scholl)
Autora: Silvia Martínez-Markus

28. **Evolución y vida** (Charles Darwin)
Autor: Carlos Alberto Marmelada